北总布胡同 32 号

人民美术出版社的老艺术家们（三）

林阳／著

人民美术出版社
北京

北总布胡同 32 号的老院子

《从群众中来到群众中去》齐白石　1950

序一：文脉传承的力量

高世屹

一

我第一次走进人民美术出版社旧址北总布胡同32号院是在1995年1月，那是我在中国人民大学新闻学院攻读研究生的第一个寒假。我以《中国图书商报》实习记者的身份，采访中国少年儿童出版社在人民大会堂举办的"金作家、金画家"颁奖活动。在10名获奖者里面，有人民美术出版社的画家温泉源先生。采访颁奖活动之后，根据报社安排又分别对获奖者进行专访。于是，我有幸进入人民美术出版社的这所大院子。

进入这所大院子并不容易。我从人民大学骑自行车赶来的路上，因为地面结冰，而且骑得较快，滑倒在地，脸上擦划出不小的伤口，火辣辣地疼。但是进入这所院子后，马上忘了身上的疼痛。古香古色的院子里，虽然不像春天绿树成荫充满生机，但是几幢不高的办公楼掩隐在一些茂密的松柏下，沉稳朴实，显示着深厚的文化底蕴。白地红字的"人民美术出版社"牌匾自上而下斜挂着，似乎讲述着很多的艺术故事。进入宽大的办公室起先并未见到人影，倒是一排排的书刊和书稿随意地摆放着，仿佛置身于书的海洋。我轻轻喊了一声"有人吗？"书稿后传来一个温和的声音："小高同志，你来了"，一个满头银发的老者探出头来，原来这就是温泉源先生。温先生看见我脸上的伤痕，马上充满温情地问我要不要紧，需要到医务室上药吗。此时，我身上的寒冷和脸上的灼痛随即化为内心的温暖。

后来我才知道，北总布胡同32号院作为国立北平艺术专科学校、人民美术出版社的旧址，曾留下徐悲鸿、齐白石等一代艺术大家名家的足迹。不仅这座大院子里充满历史的故事，旁边的几所房子里也都布满历史的沧桑。斜对面的赵家楼不仅因火烧曹汝霖府宅引发五四运动而闻名，它还是明嘉靖时期力谏"不可订城下之盟"的文渊阁大学士赵贞吉的宅邸。北边的北总布胡同21号则是被冰心戏称为"我们太太的客厅"的林徽因故居。

1931年，梅贻琦在出任清华大学校长时曾言："孟子说，'所谓故国者，非谓有乔木之谓也，有世臣之谓也。'我现在可以仿照说：所谓大学者，非谓有大楼之谓也，有大师之谓也。"诚哉斯言。不仅仅是一所大学，任何一所房子、一个机构，之所以著名，不在于其建筑的豪华、威严，而在于居住于此的人的不凡。

二

2016年，我入职人民美术出版社后不久，时任总编辑林阳先生在谈到人美社地位时告诉我一句话："一位艺术家一生有三个愿望：成为中国美协或中国书协的会员、在中国美术馆办次个人展览、在人民美术出版社出一本画册。后来还有一个升级版的"三个愿望"：成为中国美协或中国书协的理事、在中国美术馆圆厅（最核心的地方）办次个人展览、在人民美术出版社出一本"大红袍"（《中国近现代名家画集》丛书因红色封面和崇高地位而被业界赋予的美誉）。

随着时代变迁，北京市城市建设快速发展，北总布胡同32号院已经不见踪影，人民美术出版社也于2016年迁入现在的新址东三环南路甲3号。林阳先生记录人民美术出版社老艺术家一生成就的著作，之所以还以"北总布胡同32号"为主标题，我想不仅仅是因为它是一个简单的地名符号，更是因为它已经成为记载人民美术出版社成长发展的文化符号。

林阳先生通过深入采访写成的《北总布胡同32号——人民美术出版社的老艺术家们》已经出版至第三本，较为详细地记录、评述了人民美术出版社的39位老艺术家，为我们展现了这些老艺术家丰富多彩的艺术人生：

人民美术出版社第一任社长，参与创办过《光明日报》、民族出版社的新中国美术出版事业的开拓者萨空了；来自陕北鲁迅艺术学院的沃渣、古元、邹雅、曹辛之等；来自新四军文艺战线的人民美术出版社第二任社长邵宇与来自八路军的人民美术出版社连环画编辑室第一任主任姜维朴；来自中国画学研究会的徐燕孙及其弟子王叔晖、任率英、卜孝怀等；来自天津的经典连环画大家刘继卣；来自国立北平艺专、中央美术学院的卢光照、秦岭云、杨先让等；来自国立杭州艺专、中央美术学院（华东分院）的林锴、王靖宪等；还有大家比较熟悉的沈鹏、郜宗远、程大利、王铁全等……

亲切生动的文字、多姿多彩的照片，让我们真实地感受到这些老艺术家们的欢歌笑语，体会到他们跌宕起伏的人生；也让我们更加深刻地认识到"北总布胡同32号"这个文化符号的内涵和魅力。

可以想象，正是在北总布胡同32号院，在人民美术出版社这面旗帜下，汇聚起多少位来自祖国四面八方的艺术才俊。他们以自己的聪明智慧和汗水支撑起人民美术出版社这个品牌，使之从无到有，从小到大。

同样在人民美术出版社这面旗帜下，出版过多少种走进千家万户的连环画、年画、宣传画和各种美术图书。它们以积极向上的深刻内容和群众喜闻乐见的表现形式，极大丰富了亿万人的精神世界，甚至影响了很多人的人生轨迹。

还是在人民美术出版社这面旗帜下，构筑着多少个作者、编者、读者的共同精神梦想。他们以一种无形但又十分清晰的力量，撰写着、编辑着、阅读着与美有关的图书。为美而写，为美而编，为美而读，向美而生。

美的追求、梦的想象，这都是文化的力量。

三

2023年8月21日，一代文化大家沈鹏先生走了。这位从北总布胡同32号成长起来的著名编辑出版家、书法家、诗人、美术评论家、人民美术出版社原副总编辑，一生对人民美术出版社饱含着无限深情厚意。

1949年，年仅18岁的沈鹏先生怀揣着报效祖国的赤诚之心，报考了新华社新闻干部培训班。毕业后，沈鹏先生被分配到人民画报社工作。1951年，他又调入新成立的人民美术出版社，在社长室工作，先后任编辑室副主任、总编室主任、副总编辑，曾任中国书法家协会主席、名誉主席。十几年前，沈鹏先生向人民美术出版社提出，自愿捐资100万元成立沈鹏学术出版基金，用于资助美术书法领域的学术图书出版，今后视需要还可继续追加资金。2021年，在中国共产党成立100周年之际，沈鹏夫妇自愿向党组织交纳100万元特殊党费，请人民美术出版社转呈代交。沈鹏先生对中国美术书法事业做出重要贡献，对人民美术出版社的发展居功至伟。

沈鹏先生是人民美术出版社的奠基者之一。沈鹏先生参与了人美社许多规章制度的制定，参与筹划了《中国美术全集》等重大项目的出版，以及《中国书画》《美术之友》《美术向导》等期刊的创办。直到去世前，他一直都在关心惦记着人美社的发展。可以说，沈鹏先生把一生献给了人美社，献给了他所热爱的美术书法事业。

我与沈鹏先生的当面交往只有一次：2017年春节前，我随中国出版集团领导去看望沈鹏先生。先生给我留下深刻印象的不仅是他从容平缓的语调、和蔼可亲的笑貌、坚毅深邃的目光，更是他关心人美社事业的情意。我请沈鹏先生身体好些时，到人美社的新址去看一看，给人美社的新人去讲讲课。先生迟缓地说："很想再到社里去，可是不知身体是否允许。"

此后又与沈鹏先生有过几次神交：一次是请他为中国出版集团题写"中版书房"牌匾，一次是请他为全国几十万家农家书屋题写"农家书屋"牌匾，还有一次是请他为"中央和国家机关庆祝中国共产党成立100周年书画摄影展"提供作品。每次都是怀着崇敬但又不愿打扰的心情提出要求，每次又都是很快拿到先生的墨宝。

2024年8月底，人民美术出版社在东三环南路甲3号的新址，举办沈鹏先生逝世一周年追思会。沈鹏先生书法作品精品展、沈鹏学术出版基金首本资助图书及沈鹏先生相关的6本图书的首发式同时举办。更为重要的是，展示沈鹏先生艺术成就、弘扬沈鹏先生艺术精神的沈鹏艺术中心，在人民美术出版社大楼二层设立。作为纪念人民美术出版社老艺术家的文化符号，沈鹏艺术中心永久矗立在人美人的心中。

沈鹏先生奋斗一生所形成的沈鹏精神，包括爱岗敬业的钻研态度、多才多艺的艺术才能、德艺双馨的高尚情怀等等，这些都是沈鹏先生留给人美社的宝贵精神财富。人美社的后继者不仅要深切缅怀沈鹏先生，更要把沈鹏先生留下的这些宝贵精神财富传承下去、弘扬开来，把人美社这个品牌擦得更亮、更响。这是一种文化长河流淌的延续，也即文脉的传承。

四

何为文化？《周易》讲："观其人文，以化成天下。"习近平总书记指出："文化是一个国家、一个民族的灵魂。"对于一个单位来说，文化的作用同样如此，文化是团结人心的凝聚力，是推动进步的精神力量，是影响社会的品牌价值，更是一个单位蓬勃发展的核心竞争力。

人美社自其诞生之初便充满深深的红色基因，历经70多年一代代老艺术家们的积淀，已经鲜明地向人们亮出自己的特色。首先，人美社紧跟时代跳动的脉搏，是党和国家联系艺术界的可靠力量，具有美术出版的权威性。从20世纪下半叶的年画、连环画、宣传画，到改革开放后的中小学生美术教材、艺术家画册，再到新时代推动文艺高原走向文艺高峰的美术主题出版、美术学术出版等，无不肩负着"将普及者提高，将提高者普及"的重任。人美社因其肩负的文化责任与使命，成为美术出版的"国家队"。其次，人美社坚持服务美术界，是广大艺术家值得信赖的家，具有美术出版的精湛性。从成立伊始"外地画家朋友到了北京，人民美术出版社创作室是他们必去的地方"，到现在一位艺术家的"第三个愿望"，都能深切地感受到人美社在艺术家中的地位。人美社以其编辑出版图书的专业性、精湛性，赢得美术界的广泛信任。第三，人美社坚持为广大读者服务，是人民群众提高艺术素养的重要平台，具有美术出版的普及性。从20世纪连环画承载着几代中国人的美好童年回忆，到现在人美版美术教材每年都有5000多万册的发行量，足以说明人美社图书的广泛社会影响力。人美社因其图书雅俗共赏的特质成为人民群众中有口皆碑的老品牌。

权威性、精湛性、普及性，这是人美人用心血和汗水形成的品牌精神，更是人美人必须坚守的文脉传承。习近平总书记在文化传承座谈会上总结提炼中华文明的五个突出特性时，把连续性作为第一个突出特性。可贵的是，一代又一代人美人始终守护、传承着人美社的文脉，并不断结出丰硕的果实。以邰宗远社长为代表的一班人，不仅在人民美术出版社、中国连环画出版社、荣宝斋的基础上成功组建起中国美术出版总社，还以其艺术成就上的影响力，密切了人美社与全国美术界的关系；以常汝吉社长为代表的一班人，凭借其深厚的教育界资源，努力开拓"一纲多本"政策下的美术教材市场，为人美社发展奠定了坚实的经济基础；以汪家明社长为代表的一班人，发挥其编辑出版大家的优势，推出《中国美术全集》普及版，让皇皇60卷大书可以进入寻常老百姓家，并编辑出版了《极简中国书法史》《小艾，爸爸特别特别地想你（1969—1972）》等既叫好又叫座的图书。这些人美社前辈的坚守和努力，为人美社的文脉传承做出了很好的榜样。

当下面对浮躁、媚俗的诱惑与市场竞争的双重压力，传承出版文脉显得尤为重要。毕竟，一个像人美社这样的文化单位，单纯靠严格的管理、诱人的薪酬只能是外在的手段，深厚的文化情怀、强烈的事业心和使命感、团结融洽的工作氛围才是文脉传承的内在持久力量。

未来，人美社将更好地弘扬老一辈人美人的优良传统，围绕美术出版这个核心，把人美社的事业做得更加强大。一是做强做大美术出版这个主业，在美术主题出版、美术普及出版、美术学术出版、美术教育出版、少儿连环画出版、大艺术出版、美术期刊出版等 7 个主要产品线方面，做大规模，做出亮点。二是积极拓展美术出版的相关产业链，在美术展览、美术培训、融合发展、文创开发、文旅研学、国际合作等 6 个方面，做出探索，做出特色。

相信新一代人美人在老一代人美人开创的事业基础上一定会更好地弘扬传统、赓续文脉、与时俱进、奋发有为，使人民美术出版社的事业更强、品牌更响、美术出版国家队的作用发挥得更好。

从北总布胡同 32 号到东三环南路甲 3 号，变化的是办公地址，不变的是人民美术出版社 70 多年形成的优良传统、宝贵品牌，还有广大作者、编者、读者向美而生的不懈文化追求。

这就是文脉传承的力量。

高世屹

2024 年 8 月，于中国美术出版总社

序二：个体成长叙事　国家出版记忆

王　远

回溯共和国第一个美术出版社成长的足迹

记录艺术与社会变革的交汇

传承编辑精神与艺术薪火

在林阳先生撰写的《北总布胡同32号——人民美术出版社的老艺术家们》系列丛书中，本书是第三部，以13位工作、成长在人民美术出版社的编辑为点，以历史为线，有交叉，有应和，有叠加，展现了13位个体，抒写了13段故事，如同13个独立单元的小剧场，将人民美术出版社与新中国一同成长的行程拉开帷幕，绵延推衍。

"北总布胡同32号"是个体与时代的际遇之地，更是艺术与社会变革的交汇之地。在这里，我们看到了艺术通过出版人的职业行为和作者一起衍化成为出版成果，看到了出版人如何在历史行进的巨轮中同时扮演了引领与记录的角色。

北总布胡同32号，不仅是一个建筑院落的标志，更是培育艺术家的摇篮，是杰出的艺术灵魂的栖息之地。几代人美社的老艺术家在这里贡献了自己的智慧和心血，创造流传后世的不朽之作，他们以及他们的故事在纸质出版黄金时代的历史画卷中如同光芒璀璨的群星般闪耀。

文如其名，《北总布胡同32号——人民美术出版社的老艺术家们》讲述的是发生在"北总布胡同32号"的故事，但却不仅仅是"人民美术出版社"的故事；"北总布胡同32号"更是时代的见证者，见证了艺术如何伴随着时代而回应着变革，见证了一个几乎与新中国同时诞生的文化单位如何经过代代出版人的传承，而承担起的历史责任，展现出的文化价值。

一、写作缘起：人美人的耕耘与思考

在这个纷繁而又充满活力的时代，回首过去，总有一些地方、一些故事，承载着历史的沧桑，从自己的角度见证着国家的成长。

作者林阳，其父亲系著名画家林锴先生，也是人民美术出版社的老员工。林楷先生曾创作了众多卓越的艺术作品，以其独特的绘画风格和深刻的艺术造诣，成为人民美术出版社的骄傲，这一扎实的家族传承，为林阳先生的美术出版事业奠定了坚实的基础。

林阳，是人美社的子弟，也是人美社的职工，曾经在多个岗位历练，成长为人民美术出版社的总编辑——"北总布胡同32号"是他为之奉献了几乎整个职业生涯，同时也成就了他的地方。

"北总布胡同32号"这个门牌号是简单的，但它又是厚重的，它是人美人的根，是人美人成长的摇篮，承载了太多人民美术出版社的历史与记忆。正是在这里，这个国家级出版社悄然萌芽，继而茁壮成长，更是见证了六十余载岁月峥嵘。

《北总布胡同32号——人民美术出版社的老艺术家们》系列丛书，正是林阳在其职业生涯最成熟的十年，梳理的发生在这片土地上的人和事，书里的每一个故事都是"他"和"他们"讲述的。此书之于阅读者，应该不仅是对于一个专业机构历史的回溯，更能够体味到作者对于编辑出版这个行业的热爱，以及对于同行者们默默奉献的礼敬！

当人美社走出"北总布胡同32号"，辗转富力中心，再到"双井东三环南路甲

3号"——这40个春秋,是人美社的,也是林阳的。此书是亲历,是聆听,是追忆,是林阳和13位人美社的建设者对艺术、对出版、对时代的耕耘与思考。

二、研究方法:通过个案研究还原机构与行业历史变迁

《北总布胡同32号——人民美术出版社的老艺术家们》这部书里的"北总布胡同32号"是个案,每一位人民美术出版社的老艺术家亦均是个案,可以说此书是一部发生在宏大时代背景下的个案研究之中的个案研究史,通过深入挖掘人民美术出版社的历史细节和每一位老艺术家的个体经历,为读者呈现了一幅丰富多彩的艺术画卷。

内向型研究真实、深刻。作者林阳具有人民美术出版社的子弟和职工的双重身份,使得他能够深入了解每一位老艺术家的创作历程,熟知北总布胡同32号这个工作环境以及人民美术出版社这个出版机构内部运营的点滴细节。独特的内向型研究视角使读者得以贴近艺术家,拉近与神秘的出版机构的距离,这种解密般的阅读体验更为真实,感受更为深刻。

个案研究推衍出行业群像特征。本书深入剖析了每一位老艺术家的个人生平、职业追求和学术成就,使得这些艺术家不再是记录在图书、期刊版权页上的一个个冰冷的名字,而是充满生命力的个体,读者更容易产生情感共鸣。在呈现每一位艺术家独特风采的同时,书稿通过细致入微的描绘,将这些个体之间进行了有机关联,使得读者能够感受到书中的每一位老艺术家所处时代知识分子的典型特征,以及他们都是拥有70余年历史的人民美术出版社员工群体中不可或缺的"那一个"。

机构史学研究的范例。本书在叙述个案的同时,揭示了人民美术出版社作为一

个艺术机构的发展历程。通过一个个人物和案例还原了该机构从初创时期的艰苦奋斗，到繁荣时期的辉煌成就，再到当下的发展现状，这种全面而有层次的史学研究方法使读者对人民美术出版社的整体发展轨迹有了更加清晰的认识，能够更加深入地理解人民美术出版社作为一个文化集体的魅力所在，更加深刻地感受到人民美术出版社在新中国美术专业领域的独特地位。这种深度挖掘和全面呈现的手法使得这部著作更具学术价值和社会意义。

三、写作方法：人与事——历史的回响

《北总布胡同32号——人民美术出版社的老艺术家们》系列丛书，以人民美术出版社的职工、编辑、艺术家为主线，将这些平凡而又伟大的人物生动地呈现在读者面前。通过出现过的人和事，通过老艺术家们对艺术、对文化的执着热爱，将出版社的历史铺陈开来。借助林阳的挖掘、探寻，读者可以看到那个曾经年轻、勇于奋斗、充满梦想的人民美术出版社，从初创之际的诸多探索尝试，到后来经过几代出版人的共同努力而创造出的一个个辉煌时刻，再到如今外延拓展、多元并举的变革与发展，林阳撰写的这个系列丛书宛如一部以人为线索，逐页翻动的历史画卷，勾勒出一个国家级专业出版社厚重的历史。

林阳的写作深入细致，对每一位老艺术家的个人经历进行了生动展现，每一位老艺术家的创作故事都得到了深入挖掘，通过对他们学术生涯、创作心路的追溯，为文本中的人物赋予了鲜活的生命，使读者能够更好地理解这些艺术家的个性和风采。这种细腻入微的叙述方式让一个个场景活灵活现，一个个鲜活的人物，更是为整体叙事增色不少。将人民美术出版社的历史、艺术家们的创作历程以及作为一个国家级出版机构的发展脉络进行了详实的还原和精彩的呈现，这也为他们共同为之

奉献的文化机构的历史增添了层次感，使得个人和机构的历史不再是干枯燥的史实。

《北总布胡同32号——人民美术出版社的老艺术家们》不仅仅是一本记录历史的书籍，更是独属于人民美术出版社的一份厚重的文化财富，对每一位老艺术家的致敬，对人美社这个国家级出版机构的尊崇，都在这部书中得以体现。

四、写作角度：历史亲历者著史

《北总布胡同32号——人民美术出版社的老艺术家们》是一部由历史亲历者编著的历史，也是一部著述者与研究对象均源自人民美术出版社这个共同家园的作品，其独特的视角使读者开卷一览便倍感亲切。

作者林阳通过亲身经历和对所属机构的深刻理解，将读者带入了北总布胡同32号这个有着厚重历史的地方。其亲历者的身份让读者在阅读的过程中仿佛穿越时光，与那些由出版者和作者一同创造、出版的作品，以及曾经孕育它们的时代产生更为亲切的共鸣。

本书通过对每一位艺术家的深入访谈和研究，对时代印记的追本溯源，为人美社这个业内顶级出版机构著史，还原了很多机构发展变迁的珍贵的历史细节，更展示了人民美术出版社在新中国美术专业领域的卓越贡献。

作者将亲历的情感融入对每一位老艺术家及其作品的研究文字中，对每一位艺术家的个人经历进行了生动刻画，这种深度挖掘和真实还原赋予这部图书更多的灵魂和生命力，使得整部图书更加温暖。对于读者来说，这样的写作方法更能够引起共鸣。

五、北总布胡同 32 号也是我的"北总布胡同 32 号"

从 2009 年暑期由上海调入人民美术出版社工作，至 2012 年单位迁往朝阳双井富力中心，我和北总部胡同 32 号相遇的时间虽然只有三年，但是北总部胡同 32 号之于我的影响深远。

可能与大多数读者与人美邂逅的机缘相似，我是看着人美版的书长大的。儿时但凡能凑个几分钱就会在街口小人书摊借一本连环画坐在马路边边尽情一览，快乐了多少阅读资料严重匮乏的少年时光。20 世纪 80 年代中，极少有艺术类图书和期刊可资参考，人美社的连环画却是鲜活的速写参考书。大学期间外出写生时，在连云港的一间逼仄的书店里，我看到人民美术出版社出版的仿线状蓝色纸质封面的《历代名画记》《唐朝名画录》，这是我第一次为自己购买、收藏的美术史论类书籍。毕业留校执教中国美术史，恰逢人美社领衔出版的 60 卷本《中国美术全集》刚刚面世，学校特批一笔当时看来是"巨额"的资金给美术系资料室购置了一套——这套书需要主任签字才能借阅，成为我撰写教案、学术研究重要的工具书。2001 年，我调入上海人民美术出版社，应社会之需策划一批兼容"教材、教辅、工具书"功能的高校设计类教材，遴选有设计经验的高校青年教师撰写，参考国际时尚设计杂志的内容架构与视觉呈现，融合"学院派教学内容""最新设计教育理念""设计实战导航"，采用异型开本、大粗黑体书名和高饱和度色彩的封面设计，因多元素创新获得业内与市场认可。但是，彼时"大人美"（首都北京的那个人民美术出版社）出品的各类全集类出版物是非常让我艳羡的存在。

2005 年暑期第一次寻到北总布胡同 32 号铁皮门牌号，踏进方方正正的水泥门楼，被温和的门卫师傅进行来访问询，看到主楼悬挂的"人民美术出版社"匾额时激动的心情至今难忘，那时这个"中央级"美术大社的年代感很强——郜宗远社长、程大利总编辑、张友元副社长办公室灰色的布质沙发，与满院老楼的样式和色系极度调和；社长办公室摆放的一台小尺寸老电脑，还是公用的……这一切和满墙装帧精美、体量壮观的各类"全集"们形成巨大的视觉反差。

2007年末见到了常汝吉副社长和林阳副总编辑，他们风华正茂正当时，人美社正在联动全国美术出版社共襄美术出版事业的壮举，着力构建人民美术出版社美术教育产业链的宏大愿景。2009年，我有幸成为人美社的一员，获得参与人美社未来建设的机会。此后，我对"北总布胡同32号"有了更加深入的了解。

林阳在担任中国美术出版总社总编辑期间，主持出版了许多大型的重点图书，获得了一些重要的国家级图书奖项，年度再版图书高达400种。这些图书不仅在国内市场上取得了动辄数十万册的销售业绩，更在国际上树立了人民美术出版社良好的品牌形象。随着数字化时代的到来，林阳认为这对于艺术图书出版来说是挑战，也是际遇，应当通过选题创新最大限度地满足读者的需求，在他的推动下，人民美术出版社策划出版《最美中国画100幅》，再细化为《最美山水画100幅》《最美花鸟画100幅》《最美人物画100幅》等双效图书，"100幅"品牌不断延伸，版权输出收获颇丰。林阳视出版全球化为出版人的理想，他常说：输出一种版权，相当于再版一次；输出三种版权，相当于再版三次。经过出版团队的积极努力，人美社图书走出去连续名列中国出版集团公司前茅，年度输出版权高达100多种。林阳的专著《左编辑 右营销》《编辑视界》既是其数十年编辑出版经验的集成，也是编辑出版的"指南针"，尤其对美术编辑更具指导意义。

林阳总编辑非常重视培养年轻编辑，我本人也从他那受益良多：在选题策划与作者遴选方面，他给予我极大的信任与支持，多鼓励，不干涉；在外联工作时，他从来不吝褒奖，将年轻人推到公众视野；在工作中有不同意见，也仅止于工作；在业务开展时，他会另辟蹊径提出解决办法，比如，我在人美社工作之初，按照常汝吉社长的业务布局，主要负责从零开始开发高校教材产品线，林阳总编辑建议借道中小学教材印制渠道，为迅速打开高校教材销售市场留下了足够的利润空间，两三年内出版的 100 多种高校教材均双效俱佳。我初进业务部门的管理团队时经验不足，林总数次以自己的成长故事开解引导，帮助我在工作中成长……后来我走上领导岗位，处理问题时会下意识地借鉴他的方式方法。

《北总布胡同 32 号——人民美术出版社的老艺术家们》不仅是对人民美术出版社历史的深情回顾，更是对借助这里的人和事得以传承的艺术和艺术精神的深刻追溯。人民美术出版社不仅仅是一个出版机构，更是一群志同道合、心手相连的艺术家们共同的精神家园。

2012 年，在时任社长汪家明的带领下，人美社的全体员工携近七十年出版的数十卡车样书等人美社传家的宝贝惜别北总布胡同 32 号，经富力中心过渡，迁入新址"双井东三环南路甲 3 号"已经 9 年，上述人美社的领导们逐渐成为"人民美术出版社的老艺术家"，林阳先生，作为时代的见证人，也在走近老艺术家的行列。

"北总布胡同 32 号"渐渐远去，但人美文化、人美精神经由人美社的后来者将代代传承，生生不息……

王　远

2024 年 7 月 14 日，于中国美术出版总社

目录

沃渣　鲁迅艺术学院美术系创始人

王靖宪　编述求学养，收藏增识鉴

杨先让　黄河十四走

庞邦本　外国名著连环画的领军人物

姚奎　生命、力量、简约、平和、诗情和意境

樊林　从黄土高坡走出来的山水女画家

吴传麟　名山峡江入画来

刘汝阳　做嫁无悔，笔墨江山

张广　熔炼艺术与生活

韩亚洲　执着坚守，更新笔墨

郜宗远　集出版家、艺术家于一身

程大利　精微致广大，畅神复何求

王铁全　耕耘有迹，落笔无痕

后记

001　023　043　061　083　101　123　145　169　191　209　233　259　279

沃渣

〔版画家、教育家、编辑家〕

沃渣 先生

鲁迅艺术学院美术系创始人

沃 渣

(1905—1974)

浙江衢县人，版画家、教育家、编辑家

原名程庆福，别名程振兴，笔名沃渣、沐旦。擅长版画。中学毕业后，考入南京中央大学艺术系，一年后考入上海新华艺术专科学校西画系，在校参加研究木刻艺术的"野风会"，并发起"铁马版画会"。1937年10月奔赴延安，先后任鲁迅艺术学院美术系第一届、第二届系主任、晋察冀联合大学美术系主任。在延安创作大型木刻《向七大献礼》（现藏于中国国家博物馆）。抗日战争胜利后，调任东北大学鲁迅艺术学院美术系主任。1948年，任东北画报社创作组组长。1949年后，任人民美术出版社创作室主任、图片画册编辑室主任等职。1962年，任北京荣宝斋经理。曾任中国美术家协会理事。

一

沃渣，原名程庆福，别名程振兴，1905年生于浙江衢县乌溪江溪口村。他小时候在私塾读书，但不愿读四书五经，一心想跟小姑母学画画。上中学时，在同学家，他第一次看到中国画，于是立志学画画。1924年，他偷偷从爷爷的提篮里拿了钱，考入南京中央大学艺术系，学习中国画，一年后又考入上海新华美术专科学校西画系。

1928年，他由中学同学介绍参加了中国共产主义青年团。那时，他经常在马路上和巷子里散发传单和写标语，把传单叠成小方块，放在裤袋里，有机会就塞到人家的门缝里或窗台上。他也曾被法国巡捕搜查过，但没有被查出来，于是将这些当作笑话讲给同学听。然而不久，大革命失败，蒋介石提出"宁可错杀一千，不可放过一个"的口号。他暑假回乡路过杭州，被同乡出卖而被捕，在狱中经受了坐老虎凳、上电刑等严刑拷打。家里知道后，为了救他出来，卖了田产。而直到四年后，1932年，才因证据不足被保释出狱。

这之后，他在乡下小学教书，但时间不长，就回到上海新华美术专科学校复学。其间，结识了许多进步青年，还有同好——木刻青年，如陈烟桥、郑也夫，林杨波（马达）等。在鲁迅倡导的新兴木刻运动影响下，开始学习木刻创作，并积极参加木刻社团。后来，他和林杨波等还加入了野风会。

沃渣对木刻有天然的领悟，他的第一幅木刻作品是反映四川、河南灾区人民生活的《旱年》，发表在《中国农村》。这幅作品的发表给了沃渣很大鼓励，之后，他接二连三又刻制了几幅版画。但沃渣在创作中也遇到一些困惑，他想求教于鲁迅，又有些犹豫，当他在一个展会上看见鲁迅时，还是没有勇气上前求教，甚至不好意思请同学介绍。

1933年春，沃渣和陈烟桥等发起组织"野穗木刻会"和"涛空画会"，编辑出版《木版画》。1935年春，沃渣开始给鲁迅写信，沃渣将《旱年》《水灾》《暴动前夕》

《水灾》 沃渣 版画

《逃难》 沃渣 版画

《返回》 沃渣 版画

《鲁迅遗容》沃渣 版画

等版画寄给鲁迅先生。没想到的是，一个星期后，他接到鲁迅热情洋溢的回信。这件事在《鲁迅日记》中也记载了。鲁迅在1935年2月6日的日记中云："得程沃渣信并木刻四幅。"同月14日记云："复沃渣信。"沃渣生前回忆，鲁迅对他的鼓励多于批评，让他要进一步刻画人物，不要像有些木刻，张开嘴巴举起拳头而缺乏内在的感情，那样过于简单化了。

从此，沃渣开始与鲁迅先生交往，并得到教导。鲁迅先生赠送给沃渣两本画册，一本是《珂勒惠支版画选集》，另一本是《死魂灵百图》。沃渣从画册中汲取大量精华，融入到创作中。他将这两本画册视为珍宝，可惜战乱，去西安前寄放在一个学校里。1949年后，沃渣还寻找过，学校已经不在了，书自然也没有了下落。多少年后，提起这件事，他仍然耿耿于怀。

1935年1月，平津木刻研究会发起的"全国木刻联合展览会"在北平太庙开幕，展出沃渣、陈烟桥、李桦等人作品四百余幅。当日,参观者达5000人,盛况空前。1935年底,他与江丰、马达、野夫、温涛等发起成立了铁马版画会,出版了五集《铁马版画》,他们一面自己筹钱,一面自己刻制、印刷、装订,一面自己发行。1936年,鲁迅去世,沃渣前去守灵抬棺。他创作了一张《鲁迅遗容》,发表在《中国呼声》,以表达自己沉痛的哀思。

在上海期间,沃渣已经是小有名气的版画家了,但他一直保持着农村青年的质朴,愿意一直创作下去,但对名声并不看重,因此对自己的作品也没有认真留存。

沃渣在上海新华美术专科学校毕业后,在上海纯德小学任美术、劳作教员。业余时间搞木刻创作,作品大多发表在《中国农村》。美国进步作家史沫特莱当时正

《中国呼声》插图 沃渣 版画

《长征》沃渣 版画

在主编英文刊物《中国呼声》，她发现了沃渣的作品，对他的作品非常喜欢。于是，她让翻译朱伯深找到沃渣，请他为《中国呼声》做美术设计及插图。在长达一年多的时间里，沃渣为《中国呼声》倾尽了心血，封面设计、版式设计、插图，几乎由他一人包揽。这里所说的插图，不是线描，也不是一般绘画，而是木刻作品，其难度可想而知。

但到了1937年，日寇占领了上海，查封了《中国呼声》。在《中国呼声》停刊前，史沫特莱已经前往延安。刊物由编辑处理停刊事务，他们问沃渣想不想去延安。沃渣毫不犹豫说去。编辑为沃渣出具了去西安八路军办事处的介绍信。沃渣把所有值钱的东西都卖了，凑的钱也只够买到郑州的火车票，但他义无反顾地登上了西去列车。

二

　　沃渣终于到了八路军办事处，受到林伯渠的热情接待。几天后，他搭上一辆去延安送棉军装的卡车，想不到，中途一个县城的城门过低，把他的肋骨挤断了三根，人一下子就昏过去了。人们以为他死了，把他抬到路边用席子盖上。第二天，兵站的同志查看，发现他还活着，送来一碗面条。就这样，沃渣来到延安，在八路军总政治部当了文化干事。

　　鲁迅的弟子中有一批木刻青年，他去世后，一部分弟子奔赴延安，其中有江丰、沃渣、胡一川、张望、马达、力群、刘岘、陈铁耕、黄山定、叶洛等。而1938年，毛泽东、周恩来、林伯渠等联名发起倡议，建立延安鲁迅艺术学院。毛泽东为鲁迅艺术学院（以下简称鲁艺）题词"革命的浪漫主义，抗日的现实主义"。其时，沃渣被任命为美术系主任。教学模式主要以三个月短训为主。古元、彦涵、罗工柳、

延安鲁艺时期，沃渣（右二站立者）与战友合影

沃渣（右）与江丰同志（左）　　　　沃渣（左四）与江丰同志（左二）

夏风等人都是鲁艺的学生，后来成为中国著名的艺术家。此外，解放日报社、边区文化协会美术工作委员会等单位的美术工作者也到这里轮训。

1939年9月，沃渣被调往敌后晋察冀边区开展艺术教育工作，同行的有沙可夫、吴劳、辛莽等人。一路上要经过无数封锁线，最后终于到达目的地。在那里，成立了华北联合大学，也被称为晋察冀联合大学，沃渣任美术系主任。

1943年，沃渣重返延安，任创作组组长。这个时期，他的创作特点有所改变，他想追求让广大群众喜闻乐见的木刻风格。他的作品《丰收》就是用中国传统木版年画形式刻制的。还创作了大量优秀的有影响的木刻作品，如《把牲口夺回来》《通过敌人的封锁线》《反扫荡》《黑土子的故事》等。在延安时期，沃渣创作木刻《向七大献礼》，这幅作品被收藏在中国革命历史博物馆（现中国国家博物馆）。作品表现以毛泽东为首的党中央在一面红旗下向胜利进军的场面，不是印在纸上，而是印在白缎子上。下面用红线绣着"向七大献礼"几个大字。

1945年，日本投降。延安干部调往东北，第一站是张家口，经过内蒙古到达东北，沃渣在牡丹江一带当土改工作队长。不久，东北大学成立，沃渣任鲁迅艺术学

1948年4月，东北画报社美术、摄影学习班合影（第二排右七为沃渣）

院美术系主任。由东北画报社出版长篇木刻连环画《黑土子的故事》。1948年，沃渣调任东北画报社搞创作，主要作品有《冲锋》《知识分子下乡》《土地改革》《鞍钢高炉修复了》等。

三

1950年，沃渣调到北京，在北京新闻摄影局美术创作室工作。1951年5月，人民美术出版社筹建，沃渣调到人民美术出版社。1951年9月，人民美术出版社成立，沃渣先在美术研究室做研究员，后任美术创作室副主任、美术部主任、图片画册编辑室主任。

当时人民美术出版社有两个创作室，一个在鼓楼辛寺胡同，辛寺胡同的创作室以延安鲁艺来的木刻家为主，他们多数住在那个大院子里，也是马克西莫夫训练班的第二个培训班，由古元任主任，这个创作室没有明确的创作任务，沃渣也在其中。

全家合影

另一个是在东四四条的一个大院子里，以《连环画报》创作组为主体，后扩建为创作室，以连环画、年画、宣传画创作为主，原由阿老任主任。1955年前后至1957年，此创作室改为人民美术出版社美术部，由沃渣任主任。

沃渣每天上班，负责安排创作室的工作。那时他负责的创作室任务相当艰巨，工作要求质量高，时间要求又紧。美术部人才济济，有徐燕孙、刘继卣、王叔晖、墨浪、阿老、林锴、沙更世、费声福、张汝济等人。他们在四合院的中间搭个棚子，大家在里面进行创作，其乐融融。每个人，每个月是有一定工作量的。

这一时期是人民美术出版社创作室最富有激情的时期，连环画有徐燕孙的《三打祝家庄》，王叔晖的《西厢记》《生死牌》，刘继卣的《闹天宫》《东郭先生》，任率英的《白蛇传》《秋江》，林锴的《三岔口》等。这些作品给我们留下美好的记忆。

曾经在创作室工作的杨先让回忆说："在这里我看到王叔晖创作的《西厢记》和《晴雯补裘》工笔画，刘继卣创作《鸡毛信》和《大闹天宫》的过程。后来，徐燕孙忙着组织北京老国画家为军事博物馆创作长征长卷，约我去为他们起草稿《过雪山》《苗寨饮酒盟誓》场景。"

"鞍钢写生"系列 沃渣 速写

除了连环画,创作室还创作了大量年画、宣传画。年画中,有四条屏,也有两条屏。四条屏是四张对开竖条,四幅画为一屏。王叔晖的《西厢记》是四条屏;刘继卣的《闹天宫》是两条屏,幅数一般为 16 幅或八幅。这些年画、宣传画的发行数量惊人,如任率英创作的九张年画,在 70 年代后期,一次开机就印刷了 1700 万张。

1958 年,"大跃进"期间,沃渣带队参加人民大会堂的建设工作。由于身体本身不好,加上劳累,突然吐血,只好回家休息。这之后,社里机构变动,他先后在图片画册编辑室、连环画册编辑室工作,后因治病,一直处于半休息状态。直到 1962 年,出版社安排他到荣宝斋任经理,主要任务是接待中央领导。

1969 年,沃渣作为人民美术出版社的一员,下放到湖北咸宁文化部五七干校劳动。1971 年初,我随父亲也来到五七干校。因为沃渣的名字与众不同,也就多注意了一点。那时记忆中的他,话不多,和大家一起在向阳湖里插秧种田,与其他五七战士一样,没有什么不同。今天一查,想不到他那时已经是 66 岁的老人了。

四

沃渣的重要作品还有 1937 年刻的《抗战总动员》,从标题就可以看出,这是"七七事变",日本全面入侵中国,中国全民族抗战的时刻。画面中,有手持步枪的战士,有拿着手枪的军官,也有戴着草帽拿着梭镖的农民弟兄。大家朝着一个方向奔去,那里硝烟滚滚,那里是战斗的主战场。作者清晰地刻画了全民抗战的内容和主题。

《防空》作于 1939 年,几架敌机在天空飞过,仿佛能听到隆隆的声音,战士静静地伏在角落的草丛中,右边是一棵大树,一头背负粮食等物的驴一动不动地藏在树下。画面简洁生动,很好地表现了主题。

《卢沟桥事变》沃渣 版画　　　　　　《抗日军人》沃渣 版画

《走向抗日前线》沃渣 版画

《抗日义勇军》(一、二) 沃渣 版画

《查路条》同样创作于 1939 年，一边是牵着驴的农民，作者将他的憨厚刻画出来，画面中的两个年轻人，一个手握红缨枪，一个认真地读路条，他们不以衣帽取人，履行职责。人物神态生动，画面中红缨枪、旗帜，临时搭建的窝棚，很好地衬托了主题思想。

《把牲口夺回来》创作于 1945 年，反映反扫荡的内容。山沟里，八路军集结部队，扑向日寇。大批的牛羊已经被藏在山沟，前方，八路军英勇地冲向敌军，地雷、手榴弹的爆炸，战马的嘶鸣，将惨烈的战斗场面表现得淋漓尽致。这幅作品应当是作于抗日战争胜利前夕，我们可以看出，作者的创作手法不仅娴熟，而且有时间精雕细刻。像牛羊不安的神态，战马的跳跃，甚至车轮的细腻刻画，都使这幅作品的艺术性大大提高。

《把牲口夺回来》沃渣 版画

抗日战争即将结束的时候，1944年10月，一直做鲁艺领导、做美术教师的沃渣终于开始长篇木刻连环画的创作。这部长篇木刻连环画完成于1945年初，共74幅，也是我们目前看到的鲁艺时期最长的木刻连环画，这就是《黑土子的故事》。故事源于老解放区晋察冀北岳区一个小山村。村里有个叫黑土子的小伙子，他打鬼子不积极，凡事多为自己着想，后来经过多方面教育和帮助，在残酷的对敌斗争环境中，慢慢觉悟，终于转变观念，成为优秀的游击队员。最后，参加八路军，成为革命战士。1946年，这本书由东北佳木斯东北画报社出版。沃渣在前言中说："这样较大的连环木刻，在我还是第一次尝试，里面缺点一定不少。希望读者多多的严格的指教。"

第3幅，黑土子看见同村人都往沟里搬家，心里有些发慌，也急急地想回村叫上媳妇。这幅画的人物刻画坚实，身上背的谷穗刻制得一丝不苟。作者用刮刀粗略地表现背景，反衬主人公的慌张。

第36幅，黑土子趁鬼子不提防，挥起扁担往他头上狠狠地砸了几下，"三八大盖"被抛在地上，这鬼子翻了一个身掉下井里去了。这幅画表现得动感十足。飞转的辘轳，扬起来的带铁钩的扁担，黑土子弓步用力的姿态，生动地将鬼子被打下井那一刻的画面表现出来。接着第37幅，这幅画与前一张同一个视角，不同的是井上的辘轳已是静止状，从这里往远处看，是黑土子心里害怕鬼子追来的情景。同样的背景，原本白色的背景变成黑黝黝的山坳，强化了黑土子杀了鬼子的不安心理。

第48幅，黑土子上了大梁，太阳已经从山背后落下去了。这幅画是表现黑土子准备跑回家看看鬼子的情况，他心里是忐忑的，但作者却采用明快的基调表现，落日余晖洒在山梁上。远方，霞光绮丽；近处，树木葱茏，一片祥和的景象。作者表现的是紧张战斗前夕的静谧。

1946年，中国木刻研究会精选了180幅木刻，送到美国巡展。美国著名作家赛珍珠从中选出八十余幅，出版了《从木刻看中国》，书中选用了沃渣、李桦、王琦、

《黑土子的故事》（选三）沃渣 版画

古元等艺术家的作品。图书封面上有段话："战时中国的面貌，曾经从多方面来描绘过，新闻的报道，旅行者的口述，以至开麦拉的镜头，但这本连环画可以使你从新的木刻艺术家的黑白手法上，看到虽有更多皱纹但仍然保持着欢欣的面孔。"

五

  时光荏苒，沃渣先生离我们而去竟已四十余年了。他当年的辉煌，今天很少被人们提起。我因考证一个细节，询问当年在人民美术出版社工作、今天仍健在的同志，回答竟有四种不同的答案，可见时间对记忆的消磨有多么严重。我只能按照推理和判断将这一细节呈现在此文中。通过翻阅尘封的资料，还有他那时留下的遗迹，了解到他的创作、他的为人，也是难得的收获与裨益。

备注：
笔名：沐旦，考证于《对沃渣同志历史问题复查的意见》。
关于沃渣曾任延安鲁艺第一届、第二届美术系主任，考证于现延安鲁艺纪念馆。

《欢迎土改工作队》沃渣 版画

《丰收》沃渣 版画

《工业建设第一线》沃渣 版画

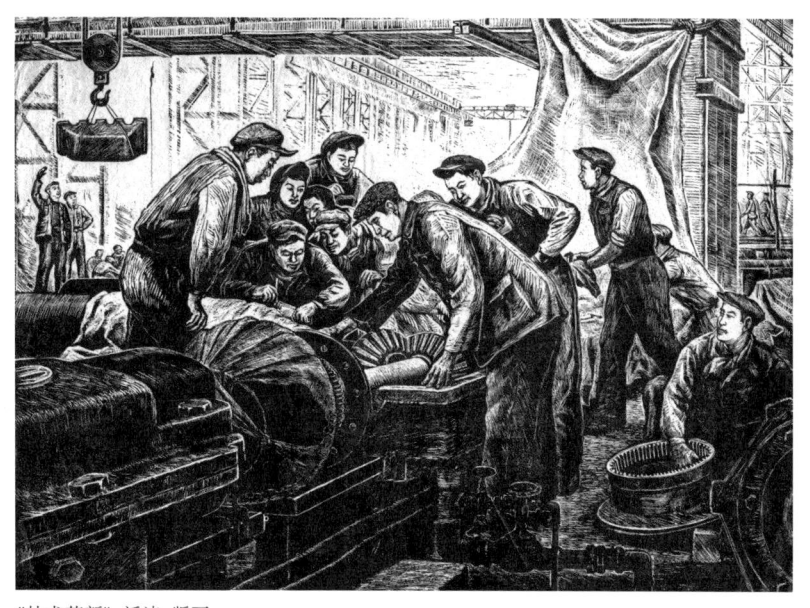

《技术革新》沃渣 版画

王靖宪

〔雕塑家、美术理论家、编辑家〕

— 王靖宪 先生 —

编述求学养，收藏增识鉴

王靖宪

(1928—2023)

浙江宁海人，雕塑家、美术理论家、编辑家

笔名王静、王珂。擅长雕塑，对中国古代美术史论的研究卓有成就。1955年中央美术学院华东分院（现中国美术学院）雕塑系毕业。历任中国美术家协会《美术》杂志编辑、人民美术出版社古典美术编辑室主任，编审。《中国美术全集》编委、《中国大百科全书·美术卷》编委、《中国碑刻全集》主编、《中国法书全集》编委、《中国法帖全集》副主编。主要编著的图书有《东汉碑刻隶书》、《现代国画家百人传》（合编）、《龚贤》、《石溪》、《赵之谦》、《潘天寿书画集》、《任伯年作品集》、《中国书法艺术·魏晋南北朝》、《中国书法艺术·隋唐五代》、《古砚拾零》、《任伯年全集》（副主编）、《中国美术全集·魏晋南北朝 书法》、《中国美术全集·隋唐五代绘画》（副主编）、《中国法书全集·魏晋南北朝》等。中国美术家协会会员、中国书法家协会会员。1993年享受国务院政府特殊津贴。2008年，获"卓有成就的美术理论家"奖。

一

王靖宪 1928 年出生于浙江宁海，那里四面环山，交通不便，到 20 世纪 20 年代还没有中学。宁海虽然文化落后，但美术名人不少，潘天寿、应野平都是宁海人。他的父亲是一家布店店员，母亲在家操持家务。小时候，王靖宪在当地一所小学上学，由一位老秀才开蒙。20 世纪 20 年代，一些外地求学回乡的青年，开办暑期学习班，逐步发展为中学，著名作家柔石、许杰都曾在这里授过课。王靖宪从小爱读书，抗日战争时期，日寇飞机轰炸县城，他背了许多书到乡下避难。进入中学后，他遇见一位优秀的美术教师柴时道。柴时道教授孩子们油画、中国画、水彩、版画等，可以说给从未见过外面世界的孩子们打开了一道神奇的大门。正是在他的影响下，王靖宪初三时便和一位同学搞了一个画展。

抗战胜利后，王靖宪考入宁海中学读高中。但不过几个月，他就不幸得了伤寒，休学在家。他有位同学的父亲曾是东南大学学生，家里藏有不少书，包括大学讲义、

王靖宪工作照

《鲁迅》半身像 王靖宪 雕塑

课本。王靖宪便向其借来似懂非懂地阅读。从此，他对古代文学、历史以及文字学、金石类图书非常感兴趣。

一年后，王靖宪重新回到宁海中学，继续读高中。其间，他读了梁启超的《近三百年中国学术史》、朱剑心的《金石学》等书籍，他最喜欢顾颉刚的《古史辨自序》。这些书对他日后的为学影响很大。高中阶段，王靖宪还对古典诗词产生了兴趣，曾与几位同学组织诗社，写新诗，也写旧体诗。1950年，高中毕业后，王靖宪到母校图书馆工作。这是他喜欢的工作。工作之余，他读了图书室所藏商务印书馆出版的大学丛书，以及其他许多中国古代典籍。

1951年，王靖宪参加高考，同时被浙江大学和中央美术学院华东分院录取。他选择了中央美术学院华东分院，进入雕塑系学习。在大学期间，由于家庭条件困难，四年中只回过一次老家。他创作过一件名为《矿工》的雕塑，发表在《浙江日报》上，还创作了《鲁迅与瞿秋白》的雕像，后又做了《鲁迅》半身像，后者还获了奖。

二

1955年，王靖宪从中央美院华东分院毕业，分配到上海油画雕塑工作室。当时，油画雕塑工作室尚未成立，他就被调到中国美术家协会《美术》期刊工作。在《美术》期刊，主要从事古典美术的编辑工作。虽然有美术专业背景，但做古典美术编辑还是有挑战的。为了更好地做好编辑工作，业余时间王靖宪开始深入研读古代美术史论等书籍和理论文章。

王靖宪负责的版块中，有对中国古代美术作品的介绍和对古代美术理论著作的注选等栏目，这些栏目广受读者的欢迎。为了把握古代美术理论词条的准确性，王靖宪一边阅读，一边学习，并向画家和学者讨教，完成注释。在编辑工作的过程中，

《潘天寿书画集》《任伯年作品集》 　　　　　　　　《任伯年全集》

《中国美术全集·隋唐五代绘画》　　　　　　　《中国法书全集·魏晋南北朝》
《中国美术全集·魏晋南北朝书法》

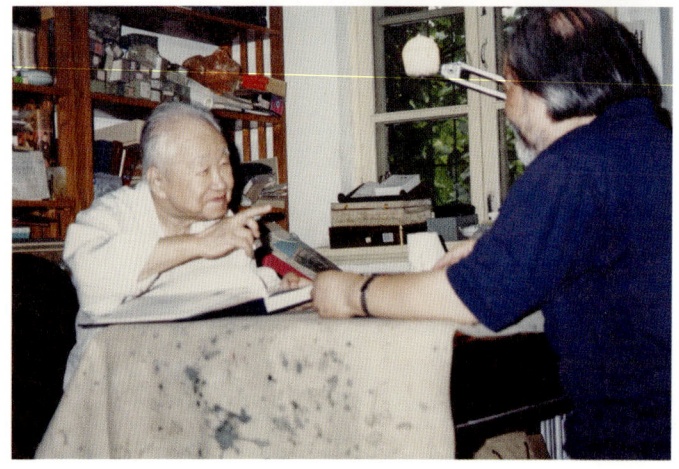

在编辑室，王靖宪（右）与启功先生（左）交流

他提高了学识，也积累了丰富的经验。

　　《美术》刊物中经常刊载介绍古代美术家的文章，王靖宪对清代，特别是晚清画家格外关注，他写了关于李鱓、华嵒的文章。1957年，他研究任伯年的创作经历和绘画风格，为此专门拜访了陈半丁、王雪涛、董寿平等老艺术家，并以笔名宁人撰写访谈录，发表在《美术》1957年第五期。撰写、编辑这样的文章，使他获得很多收益。后来，他调入人民美术出版社，编辑出版任伯年等人的画集，与此时的工

作经历是相关的。

2011年，人民美术出版社与天津人民美术出版社合作编辑出版《任伯年全集》（六卷），王靖宪担任全集的副主编，那时他已经退休多年。他曾为任伯年写了三篇专论，其中一篇《任伯年其人其艺》，约四万字，详尽描述了任伯年的一生及艺术特色。他在文中甚至对当年任渭长帮助任伯年一事提出质疑，这个故事在美术界广泛流传，但他以考据的态度求证事件的可能性，给读者更多的思考。这套《任伯年全集》在业内反映很好，关键是选取作品苛刻。在当年雅昌艺术网两千余张有拍卖记录的任伯年作品，采用不到十张。据我所知，人民美术出版社资料室藏的和西安美术学院藏的画作几乎没有采用。可想王靖宪等老先生的认真态度。

1961年，王靖宪被借调到高教部（即"高等教育部"）编写美学概论，协助资料搜集工作，在这一过程中，他系统地学习了中国美术史和美术理论。调入人民美术出版社之前，他曾编撰《碑刻书论》《古代画学书钩沉》《历代名画记笺证》等三本书稿，撰写《中国古代插图》等文章，以及研究论证《清明上河图》的文章。通过书稿的编写，王靖宪深入地理解了传统美术的真谛以及传统书画的源流。

三

1973年，王靖宪调入人民美术出版社，先后任人民美术出版社编辑、图片画册编辑室副主任、古典美术编辑室主任。直到1988年退休，他将编辑生涯中最好的15年献给了人民美术出版社。

改革开放后，人民美术出版社焕发活力，出版了一大批普及读物，满足读者如饥似渴的精神要求。王靖宪策划编辑了"中国古代美术作品介绍""古代美术百图丛书"。这两套丛书都是小册子，其中包含了中国古代绘画作品、雕塑、陶瓷等，

"中国古代美术作品介绍"丛书:《东汉碑刻的隶书》王靖宪编著、《簪花仕女图》杨仁恺编著、《韩熙载夜宴图》李松编著、《清明上河图》张安治编著、《米芾的书法艺术》沈鹏编著

如李松编著的《韩熙载夜宴图》、张安治编著的《清明上河图》、杨仁恺编著的《簪花仕女图》、沈鹏编著的《米芾的书法艺术》,其中就有王靖宪编著的《东汉碑刻的隶书》。

那时的出版业与今天完全不同。今天关于书法碑刻的出版物几乎汗牛充栋,当年出版的碑刻图书却寥寥无几。我们能看到的汉代隶书字帖仅限于《曹全碑》《史晨碑》等少数几种。王靖宪曾写过一篇分析东汉碑刻隶书的文章,详细地分析了东汉隶书的不同风格、特点及其源流。其中既分析了常见的《乙瑛碑》《史晨碑》等碑刻,也分析了不常见的《冯焕阙》《城阳田刻石》等。

1978年,王靖宪策划编辑出版"古代美术百图丛书"系列。这套书包括《中国古代绘画百图》《中国古代雕塑百图》《中国古代陶瓷百图》等等,该套书以通俗易懂的形式,介绍了中国美术的精华,图文并茂,获得了很好的反响。

王靖宪先后参与编辑了《中国历代绘画·故宫博物院藏画集》《虚谷画集》《唐云画集》《竹林七贤画像砖》(珂罗版)、《中国历代名画集》(续集)等,并协助了郑振铎遗稿《中国古代版画史图录》,以及一批著名画家、老专家的论著,如《吴昌硕谈艺录》《邓以蛰美术文集》和王子云《中国古代雕塑艺术史》等著作的编辑工作。

在编辑《中国历代绘画·故宫博物院藏画集》过程中，他与故宫专家一起，定选题，搜集、拍摄图片，一张张选画稿。这本书获得了读者很高的赞誉，获得了1993年第一届"国家图书奖"。20世纪70年代后期，人民美术出版社开始采用珂罗版技术印刷。为了高质量印刷文物级的作品，他与同事们一起研究印刷效果，让深藏故宫的国宝走向百姓生活。这在当年是一件很重要的事情。他与同事一起，编辑印制了珂罗版《道子墨宝》《竹林七贤画像砖》。20年前，我见过人民美术出版社出版的珂罗版印刷的作品，精美绝伦，是当年印刷皇冠上的明珠。

闲暇之余，王靖宪对唐代绘画的发展饶有兴趣。他认为，在唐代，绘画的主要表现形式除了敦煌壁画、手卷、屏风、画幛等，还有很多我们今天已经无法看到，只能通过《全唐诗》《全唐文》等文献才能得知。此外，他撰写的《隋唐雕塑家辑略》就是他在这方面的研究成果。

《竹林七贤画像砖》（珂罗版）

《虚谷画册》《中国历代名画集》《唐云画集》《中国历代绘画·故宫博物院藏画集》《郑振铎美术文集》

四

也许因为专业是雕塑的缘故，王靖宪对中国古代碑刻情有独钟。20世纪50年代，他在与启功来往的过程中，开始搜集古代碑刻。70年代初，市场上有不少所谓"四旧"的东西，很多人将一些旧的东西卖到市场上，也不论价，那时许多文物级的书画、碑帖无人敢收。熊伯齐先生曾告诉我，他在地摊上花一角钱买了齐白石刻的一个印章。虽然有捡漏之意，也说明那时老东西很少有人留意。

王靖宪的收入并不高，他有兴趣在市场中淘宝，专注于古代碑刻，几十年间，搜集到几百件古代碑刻。他将搜集到的古代碑刻拓片重新整理，装订成册，取名为《汉刻集存》《石墨残丛》等。在他家里，可以看到一摞摞碑刻的原拓。

王靖宪在北京的古籍书店买到不少古籍善本。他曾花三块钱买了南北朝时北周的《张僧妙碑》和收藏的三国时期明拓《禅国山碑》，先后被编入《中国美术全集》。1972年，他在一家旧书店看到《曹全碑》明代拓本，这个拓本曾被晚清王懿荣收藏，因为脱落了180字，是"残本"，王靖宪看到后非常兴奋。启功曾对他说："选购碑刻不要墨守存字多寡，纸墨是否黝古，而要看捶

题《十二汉画像砖之室藏古专（砖）墨本》（篆书）王靖宪

题《十二汉画像砖之室藏古专（砖）墨本》（隶书）王靖宪

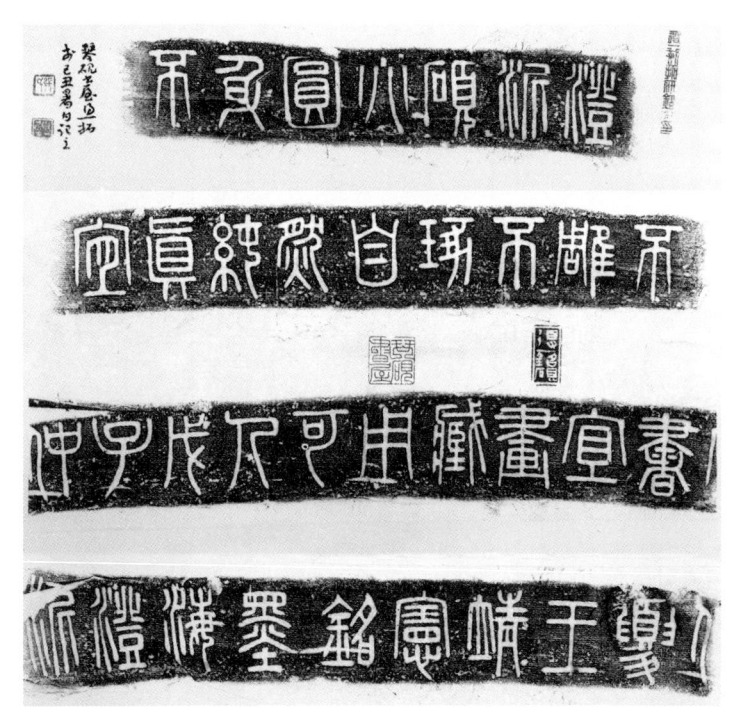

澄泥砚题字拓片："澄泥硕亦圆。身不雕不琢，自然纯真 。宜书宜画，藏用可人。戊子仲夏，王靖宪铭墨海。"

澄泥砚

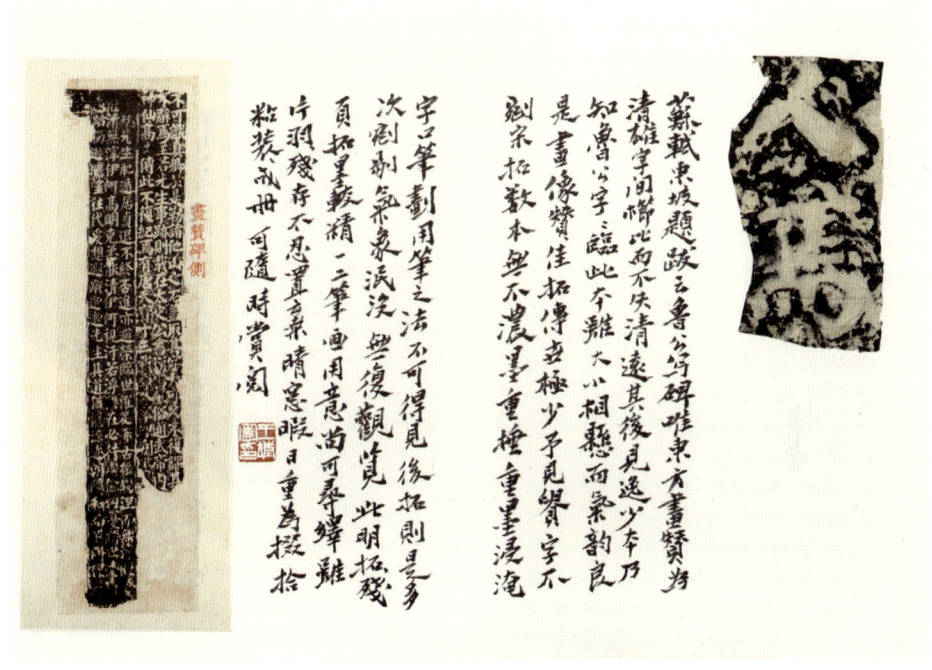

《拓片残本》题跋 王靖宪 书法

拓精到与否，只要纸墨调和，燥湿适中……"于是，王靖宪掏出 25 元成交。要知道，在那个时代，25 元可不是小数目。他用清末拓本补齐 180 字，装成木面《汉曹全碑》。启功先生见后大喜，写下 500 字"题记"，说"靖宪同志评碑详于书法刻工，每当会心，必相与抚掌，知于斯论或不河汉也。"我有幸看过这本略带包浆的原书，沉甸甸的，文化积淀无法估量。

2011 年，人民美术出版社出版了《中国碑刻全集》（六卷），在业界评价很高，其主编就是王靖宪先生。这套书是《中国美术分类全集》的一部分，分量很重。由于出版进度较慢，《中国美术分类全集》总负责人许力以先生多次到社里讨论书稿进度。2005 年，我任人民美术出版社副总编辑时，受命组织和协调这套书。看见许力以先生一头白发，身体也不好，心里想，一定要抓紧，假如许先生先走了，我

《书道有神悟》王靖宪 书法

肯定睡不好觉。我为此先后开过几次会，主要督促编辑进度。《中国碑刻全集》编辑先后用时共11年，终于出版。在《中国碑刻全集》首发式上，许力以先生参加了会议。大家充分肯定这套书的出版，说是划时代的作品，沈鹏先生也对此书给予了很高的评价。王靖宪先生介绍编辑过程，哪个碑刻版本好，为什么，最好的版本藏在哪个博物馆，娓娓道来，如数家珍，听者无不被他深厚的学识积淀所折服。几个月后，许力以先生就去世了，这是后话。

王靖宪还承担文物出版社出版《中国书法艺术》《中国法书全集》的编委，以及其中部分分册的主编，此外还任湖北美术出版社出版的《中国法帖全集》的副主编。《中国法书全集》《中国法帖全集》都是《中国美术分类全集》的组成部分，遴选自传世法书、法帖作品的精华。前者共18卷，后者共17卷。这两套书出版后，颇受读者好评。

五

由于个人的兴趣爱好，在退休的30年中，王靖宪对收藏古砚、古代雕塑、陶瓷很感兴趣。他在多个场合以收藏家的面目出现。在他的客厅里，除了碑刻图书，就是古陶瓷、古砚、汉画像砖、各类奇石等，找个能坐的位置都很困难。黄苗子为此题写了"十二汉画像砖之室"。他谈到这些宝贝如数家珍，讲它们的来历，讲有关它们的故事。

尤其是这些年，王靖宪被坊间称为收藏家，但他与一般的收藏家又不同。一般的收藏家重视所藏的器物的价值，而藏家则多专注于一些门类的藏品。王靖宪的收藏不以保值为上，而是看这些文物是否有文化价值，如果陶瓷中有文字的残片，那一定会引起他的注意。他认为亲自抚摸过这些器物，能提高对艺术作品的感情和识鉴的水平。

《古砚拾零》王靖宪 藏砚井编著

他特别重视碑刻、陶瓷、古砚、汉画像砖背后的历史价值和文化价值。他曾藏有碑帖近千种之多，出版不少相关图书，此外还收有古代石砚、澄泥砚等三百余方，编著有《古砚拾零》。

六

王靖宪退休后，爱好题刻自己收藏的砚石和将古砖制作成砚台。他在一方砚台上刻上铭文"轻云微拂繁星欲沉"，那是一块歙石，他将其上的金星看作是繁星，砚面上的晕纹看作云彩。诗句、隶书和歙石融为一体，精妙绝伦。

在他客厅里，几案上有西晋的陶瓷车马，汉代的陶楼、陶俑，还堆着大量书籍、画册，不要以为这是给别人看的，这是供他随时选用的。问到某问题，他随手抽出画册，回答你的问题。他认为，这些文物对他研究美术史很有帮助。

题《金石奇缘》王靖宪 书法

    王靖宪退休之后，还一直在做编辑工作。《中国美术分类全集》中，他承担了几套大部头的主编或副主编工作。他认为，编辑要有广博的知识，一个大学毕业的未必能做好编辑工作。除了"博"以外，还要有几门"专"，历史、建筑、考古、诗词歌赋、戏曲音乐等都要有所涉猎，艺术是相通的，互补的。编辑岗位是最锻炼人的地方，每天接触不同领域的艺术人才，从他们身上汲取营养，同时把自己的学养与他们分享与商榷，才能永远成长，变成更好的自己。编辑是蜡烛，照亮别人，为人作嫁，无名无利，要安于清贫。不忘初心，才能做得更好。

    王靖宪先生生前总是一缕长髯，声音洪亮，仙风道骨，精神矍铄，记忆好，并一直坚持写文章。说起某事，在堆成山的书中，随意找出佐证来。他思维敏捷，善于交谈，每每与他谈话，都能够学到许多东西。

题《盉斋藏砖》王靖宪 书法

题《汉孟孝琚碑》王靖宪 书法

题《宋罗池庙诗碑》王靖宪 书法

杨先让

〔版画家、编辑家〕

杨先让 先生

黄河十四走

杨先让

（1930—）

山东牟平人，版画家、编辑家

1952年毕业于中央美术学院绘画系。历任人民美术出版社编辑、创作员。文化部研究室研究员，中央美术学院民间美术系主任。代表作品有《晌午》《出圈》《会师大庆》《纪念周总理》等。先后出版《杨先让木刻选集》《黄河十四走》《杨先让、张平良彩绘选》《杨先让文集》《徐悲鸿》等。主编《中国民间美术全集·甘肃卷》《中国民艺学研究》《中国民间现代绘画选集》等。曾任中国美术家协会版画艺术委员会副主任、中国民间美术学会常务副会长。2014年，荣获第11届造型表演艺术成就奖造型艺术奖。

一

杨先让1930年生于山东烟台养马岛,他的爷爷杨翼之早年在朝鲜仁川经营绸缎批发,为孙中山先生的同盟会会员;父亲杨建民在哈尔滨开油坊工厂,一直在仁川生活,后来移居美国。杨先让在仁川长大,1942年毕业于朝鲜仁川华侨小学,他喜爱美术、音乐、舞蹈和书法。父亲对他的书法成绩非常重视,原本要送他到北平读中学,但因为自己是汉城华侨中学董事,只好送他到新成立的汉城光华中学上学。在这里,杨先让的歌唱天赋得到发挥。

1944年,太平洋战争爆发,父亲将杨先让送回山东老家,先在牟平一中读书,后转入烟台二中。半年后的暑期,杨先让要去北平求学,校长还特别为他写了一封推荐信,让杨先让顺利地进入了北平盛新中学。

不久,杨先让考入国立东北中山中学。这所学校师资力量雄厚,民主气氛浓烈。

杨先让青年时期留影

他接触了不少进步青年,读了高尔基、巴金、闻一多等作家的书,同时对古典诗词也产生了浓厚的兴趣。但由于参加了"反内战、反饥饿"等活动,政府追捕进步青年,他只得在同学的帮助下,又来到北平。

1948年8月,杨先让考入北平国立艺术专科学校美术系学习油画,当时的校长是徐悲鸿。他师从徐悲鸿、孙宗慰、李瑞年、蒋兆和、张仃、冯法祀、彦涵,素描老师孙宗慰对他的影响最大。1948年,北平国立艺专期末全校成绩展,杨先让的图案设计作业获奖,徐悲鸿校长亲自发给他30万法币作奖励。杨先让用奖金买了一个日记本,又买了两包花生米请客。

1950年4月1日,中央美术学院成立。晚会上,杨先让导演并主演的小歌剧获得徐悲鸿院长和欧阳予倩院长的赞扬。中央美术学院绘画系52届毕业班的创作是两套连环画:《治理淮河伟大胜利》《农业劳模耿长锁》,指导老师是彦涵,杨先让被推举为主要造型勾线者。这两套连环画后被人民美术出版社出版。

1952年杨先让毕业,被分配到人民美术出版社图片画册编辑室。

不久,出版社派他参加新华社组织的第一期摄影进修班,杨先让拍摄了泥人张的传人张景祜《惜春作画》的彩色照,作为年画出版。毛泽东主席接见张景祜时说:"我看到了你做的《惜春作画》,很好!"指的就是人民美术出版社出版的这张年画。之后,杨先让为配合秦岭云编辑《天津泥人张》《艺用人体解剖》,做了部分拍摄工作。

1953年,人民美术出版社获得文化部一个派遣留苏的名额。古元、张凡夫领导的"辛寺胡同创作室"中许多画家都愿意去。人民美术出版社属下的"辛寺胡同创作室"创作员多是延安时期的木刻家。当时,社里认为杨先让表现好,可造就,于是推荐他到苏联留学。意想不到的是,因为他的父亲在仁川,哥哥在美国,政审没通过,杨先让没去成苏联。多少年后,杨先让说起"留学"事,像与自己无关的事一样轻松,只是为人美术出版社损失一个留学名额而遗憾。

杨先让在做编辑的同时,创作了宣传画《妇女踊跃参加普选》《提高油料作物

杨先让（右）与邹雅（左）先生

产量》《努力学习文化，建设新农村》以及年画《公社的早晨》《问路》等，还创作了《延安组画》《春耕组画》等作品。这些作品受到群众喜爱。

1955年，杨先让创作了一幅反映农村生活题材的木刻版画作品《出圈》，这幅作品参加了全国青年美术展并获奖，从此，杨先让对版画创作情有独钟。"当时出版社条件不好，画油画需要地方，我和太太结婚的婚房只有9平方米，但那时我创作欲望高涨，虽然我喜欢油画，觉得油画色彩迷人，但由于条件限制，所以我选择了版画。"

一时间，杨先让全部精力投入到木刻的创作中，由于以前的油画底子，他的造型能力过人，他所创作的作品时常在报纸上发表。

杨先让曾去荣宝斋学习过木版水印技术。回忆起这一段学习与生活的经历，杨先让说："去荣宝斋学习技法使我的创作水平更加娴熟，题材也更加广泛：家乡的渔村、烟台的果园、在朝鲜的童年生活，以及各种历史事件我都刻了，还把自己敬仰的名人也刻出来。"

杨先让创作的《春日》，采取套色形式，表现北京春天，颇引人注意。《延安组画》是表现新中国成立后延安新气象的作品。周恩来总理逝世一周年之际，有不少木刻家创作以周恩来为题材的作品，杨先让创作的《怀念周总理》简洁明快，让人过目难忘。这幅作品在艺术表现上有重大突破，发行量也很大，创历史新高。

面对这些成绩，杨先让说："本来是学油画的，阴差阳错与木刻刀结缘了50年，无怨无悔，反而满足了我的创作欲望。我的木刻版画创作，大都是面向生活、牢守

《晌午》杨先让 版画

《出圈》杨先让 版画

《延安组画》(选一) 杨先让 版画

《会师大庆》杨先让 版画

《怀念周总理》 杨先让 版画

写实手法的，在这两个方面，我尽力去发现真、善、美。我是个感情多于理性的人，不感动我的事物我绝不画，也绝不刻。"

1957年，杨先让调到连环画创作室，主要画宣传画和木刻版画。创作室沃渣任主任，还有徐燕孙、刘继卣、王叔晖、墨浪、卜孝怀、任率英、盛此君、方菁、沙兵、沙更世、林锴、江荧、费声福、张汝济、白炎、徐竞辞等人。但同年，杨先让和夫人张平良丢下六个月大的女儿，与古元、陈兴华、刘继卣等人一起被下放到农村进行劳动改造，连户口也一同迁到遵化。

1959年初，杨先让调回北京，重新分配工作，调入文化部研究室工作。1961年，调入中央美术学院版画系工作。

杨先让说："我深深感到自己的经历，不同于毕业即留校教学直至退休。而我不同，先到社会上历练，更充实了自己，尤其在出版社任编辑时期，还有在文化部研究室工作，都受益匪浅，再回到教学岗位上，绝对优越一层，我作如是观。"

二

1980年，时任中央美术学院院长的江丰提出创建年画、连环画系，杨先让承担组建及教学工作，并被任命为中央美术学院连年系副主任。

当时，中央美术学院连年系培养了不少美术人才，其中我也认识几位，包括目前在人民美术出版社供职的徐永林、左晓臻等人。中央美术学院借调上海人民美术出版社画家贺友直做连年系教授，也是当时中央美术学院改革的范例。贺友直先生曾说："我对我的学生讲，我是1937届毕业的。他们都奇怪，我告诉他们，我是1937年小学毕业，他们都笑了。"在那个战乱频繁的年代，贺友直家境贫寒上不起学，他曾摸着上海美专的栏杆，心想要能进去学习该多好啊。后来，贺友直站在中央美院的讲台上给学生们上课了，这是他一生感到最为自豪的时刻。而这样的安排显然离不开系主任杨先让的执着。

1984年，杨先让从美国访问归来，提出将年画、连环画系改为民间美术系，这个重大变革在当时也是超前的思路。

三

《黄河十四走》的作者是杨先让和他的女儿杨阳，杨阳是清华大学美术学院的教授，这是一本以文化考察笔记为线索的关于黄河流域民间艺术的美术图集。全书文字部分根据作者数十万字原始考察笔记整理而成。这里所表述的民间艺术活动涉及到历史、考古史、哲学史、艺术史、民俗学、民族学等多方面的学科。这本书记录了14次黄河考察的行程，配了近千张反转片，成为全面记载黄河流域传统文化的图书。

1983年，杨先让作为访问学者出国考察。在美国一年多的讲学与交流，使他深刻地认识到挽救传统中国民间艺术的紧迫性，他认为社会变革必然带来民俗的改变，而最大可能是民间艺术迅速消亡，必须抓住时机进行保护、记录和抢救。杨先让决心在中央美术学院组建"民间美术系"。

"但中央美术学院是地地道道的洋学堂，反对的力量很大，多少人为我着急不解，而我感到如果现在不做就太晚了，所以一意孤行，硬在中央美术学院创建了一个'民间美术系'。因此，我有了个外号叫'杨先嚷'。"

杨先让认为，整天嚷嚷民间美术很重要，但自己的亲人如果不传承，还有什么说服力？！为此，杨先让带领了在中央工艺美术学院任教的女儿杨阳、在西安美术学院任教的妹妹杨学芹，一起考察黄河流域民间艺术，其所做的工作和取得的结果

《黄河四十走》杨先让

是前无古人的。仅仅 30 年过去，他们所记录的大量的黄河流域传承了几千年的优秀民间艺术形式已不复存在，很多老艺术家先后离世。

杨先让说："这一走就是四年。从 1986 年春节至 1989 年 12 月四年间，我率领考察队 14 次出入黄河流域考察民艺，足迹遍及青海、甘肃、宁夏、陕西、山西、河南、河北、山东八省。队员们扛着录像、摄影器材，口袋里揣着介绍信和各省联络人地址，随身携带笔记本，图文并茂地记录下所见所闻。东奔西走，风尘仆仆，遇到各种困难，挤长途汽车、身体不适、缺少汽油……但都不以为苦，满腔探索民间艺术的热忱，驱使我们甚至数次前往同一地点，深入采集当地特殊的民俗和民艺品。累积了近千张图片及二十余万字的记录文字……凝聚成《黄河十四走》这本书。"这本书于 1993 年由中国台湾汉声出版社出版。

杨先让先后发现了许多民间艺人，如《剪花娘子》的作者库淑兰、山西新绛县的苏兰花、河南樊亚民、《安塞炕围画》的作者钟大娘、宝灵的剪纸奶奶杜样茹、华县的皮影艺人潘京乐、青海皮影艺人刘文泰、乌镇闹社火的领头人李生胜、磁县窗花巧手张树梅、杨家埠年画作坊的老先生杨洛书等，他们的作品通过杨先让的宣传，广为流传。而这些老艺人由于时光逝去，许多人都不在了。

黄永玉评价说："《黄河十四走》这一走，就好像当年梁思成、林徽因为了传统建筑的那一走，罗振玉甲骨文的那一走，叶恭绰龙门的那一走……理出文化行当一条新的脉络，社会价值和文化价值无可估量。"

2003年，作家出版社出版了新装本的《黄河十四走》，并在三联书店举行了隆重的发布会。这本书的宣传起到了应有的作用，在美术界引起很大的影响。我当时也听说这本书。一次去三联书店买书，正巧遇到了人民美术出版社老编辑、老画家王里先生，他告诉我，是来购买《黄河十四走》的。我对这本书的印象更加深刻了。

四

1993年，杨先让和夫人张平良到美国，与儿子生活了一段时间。

杨先让利用儿子工作室中的展厅做不同的展览。比如"杨先让版画回顾展""杨先让、张平良绘画展""中国农民画与窗花展"，以及"资助国内贫困儿童义卖展"等。虽然展厅不大，但作品很多，在当地引起不小的震动。

"杨先让版画回顾展"首先引起美国美术界的注意，这个展览先后在美国休斯敦、费城、巴特鲁茨市、华盛顿和路易斯安那州立大学、圣地亚哥人类学博物馆等地巡展。休斯敦美术馆将他的作品分批展出。杨先让的版画继承了传统，又因为经历大量的写生活动，真实地反映了中国的生活场景。他的版画《乡情》被英国大英博物馆收藏，《敦煌幻想曲》被美国密西根塞格诺大学收藏，康州大学亚洲陈列室一次收藏了杨先让多幅版画及彩绘。

《敦煌幻想曲》杨先让 版画

频频展览的同时，各地也都为他安排了讲座。他的身影经常出现在各种场合的讲坛上，文章发表于当地的华人报刊上，他甚至被路易斯安那州大学聘为客座教授，讲授"中国美术史"，美国《华夏时报》还聘他为顾问。杨先让通过自己的展品、讲座、文章展示与诠释了中华艺术，传播了中华文化，积极地推进中美民间的文化交流，增加了美国人民对中国的了解。1996年他被授予休斯敦市荣誉市民奖；1999年被授予路易斯安那州巴特鲁兹市荣誉市长奖，同年，还获得美国路易斯安那州立大学艺术学院文化交流奖；2003年获得休斯敦大学亚洲艺术部文化奖，以及全美华人文教基金会终身成就奖。

除了举办个展，杨先让还先后在休斯敦、路易斯安那州文史馆主办了"中国民间艺术展"，展出了库淑兰大型剪纸画、马秀英绘画等，并作了主题为"中国民间艺术"的演讲。多达几百件的作品都是杨先让在黄河流域收集来的，其民间美术散发出来的魅力打动了无数参观者。杨先让演讲的范围越来越宽，他回忆说："《中国美术史》《西洋美术史》我都讲得如鱼得水，如数家珍，因为这都是我的专业。齐白石的艺术更熟悉，李苦禅的大写意我特别喜欢讲，还讲到徐悲鸿的作品和个人经历。除此之外，还举办了周汝昌的'红学'、老舍的《茶馆》等讲座。"

2014年，杨先让荣获第11届造型表演艺术成就奖造型艺术奖。这一奖项原由文化部主办，2006年起改由中国文联主办，主要用于奖励中国造型、表演艺术家和研究学者，能够获得此项大奖是艺术家们的终身荣誉。

近些年来，由于工作关系，与杨先让先生有了更多的交往。多在展览的开幕式或画家的研讨会上相遇。我也曾专门去他的回龙观家中拜访，看过他50年代创作的油画，也看过他为人民美术出版社创作的年画，那都是久远的作品，但生活的气息却仍然扑面而来。讲起人民美术出版社的历史，他打开记忆的闸门，娓娓道来，一丝不乱，像是叙述昨天发生的故事。

2016年11月，"痕迹——杨先让画展暨新书见面会"在北京艺术粮仓举行。展

《杨先让文集》之《梦底波涛》《我是岛里人》《三人行》《我为主》

览呈现杨先让50年代至70年代所画的写生习作，包括油画、速写、水彩等共七十余件。这批画作主要创作于他青、壮年时期，是偶然整理物品时发现的，连杨先让自己都很惊讶，开始还以为是别人画的。同时，杨先让的四本文集《我是岛里人》《三人行》《梦底波涛》《我为主》与读者见面。开幕式上，齐聚了中央美术学院老中青几代艺术工作者，令人感叹。

今天，杨先让已经90岁了，但他精力充沛，仍然活跃在美术界的舞台上，无论是创作，还是讲学，都能给我们新的启迪和新的享受。

《渔村》杨先让 纸本彩绘

庞邦本

〔连环画家、油画家、副编审〕

庞邦本 先生

外国名著连环画的领军人物

庞邦本

（1935— ）

江苏无锡人，连环画画家、油画家、副编审。

庞邦本（1935.11—）江苏无锡人。连环画家、油画家、副编审。自幼随外祖母习画。1951年任华东军区政治部创作员，1957年被错划为"右派"，1979年改正。1987年调入中国连环画出版社，任《中国连环画》月刊副主编，中国连环画研究会副秘书长。作品多次入选全国美术作品展，获第七届全国美术作品展银奖、第三届全国连环画评奖绘画二等奖、第四届全国连环画评奖绘画一等奖。中国美术家协会会员，中国美术家协会动漫艺术委员会常务副主任。中央美术学院城市设计学院教学顾问、学术委员、硕士生导师，北京电影学院动画学院客座教授。文化部中国社会艺术协会常务理事、动漫艺术委员会会长。

一

　　1935年,庞邦本生于无锡一个富裕家庭。庞邦本出生时,是姨外婆帅孟奇给他起的名,源自《尚书》中"民惟邦本"。父亲庞安民曾任交通银行襄理、中国通商银行经理。

　　抗日战争时期,庞邦本在大后方重庆读小学。外婆陈才萃是留学日本的画家,是早期中共党员,长期从事教育工作,被誉为湖南女界四大金刚之一。外婆要求他每天上学前写一页大字。后来,回到上海,他曾获得上海市小学生书法奖第一名。

　　外婆借来许多课外书,他都可以看,但外婆密藏的美术画册只能作为奖励时才能看。庞邦本时常得到奖励,进入外婆的油画室,祖孙俩一起欣赏色彩绚烂的《向日葵》《星空》等名作。潜移默化的教育,让庞邦本感受到颜色和线条的魅力、艺术的生命力。

　　1945年8月15日日本投降,庞邦本全家进城参加了三天三夜的全民狂欢,这场景给他的印象太深刻了。

　　重庆市区让他神往,大街小巷的京戏让他入迷。他最喜爱的是厉家班的厉慧良。当时厉家班的连台大戏《西游记》红遍大后

抗战时期全家合影,庞邦本(右一)

方。他喜欢听,喜欢看,喜欢唱,于是在家里演给外婆看。

寒假中,每天早饭后,庞邦本背上书包,里面是速写本、水壶、零食,到校场口、磁器口、张家花园、朝天门码头、吊脚楼……将人世百态尽收速写本中,开启了艺术人生。

在岭南附小上小学时,庞邦本发现同学们都有印刷精美的美国连环图画月刊,有《牛仔的故事》《狄克探案》《大力水手》《蝙蝠侠》等。其中一本《超人》,庞邦本印象最深。那时,中文并不叫"超人",叫作"原子飞金刚"。因为美国向日本投放了两颗原子弹,让人们看到了原子弹的威力,人们认为,原子弹的力量是最大的,所以,"超人"在当时被叫作"原子飞金刚"。

周末,校长会给留校的学生讲美国漫画故事,开明的学习环境和生动的连环漫画启发了庞邦本的创作意识。

庞邦本从岭南小学毕业后,考入上海格致中学。在中学时,他仍然对美术感兴趣,喜欢看连环画。上海是连环画的大本营,也是连环画的发源地,连环画成为他生活的一部分。

上海临近解放,歌曲《解放区的天》在学生中传唱。1949年5月27日上海解放,庞邦本随同学参加上海市迎解放大会。6月1

1951年,在上海参加军事干部学校

日，市长陈毅召开了上海首场民营企业座谈会，庞邦本父亲到会。会后，他父亲调入新成立的中国合营银行联合总管理处，任工业室经理。不久，庞邦本成为新中国第一批新民主主义青年团团员。

1950年冬，全国大中学校发起抗美援朝、保家卫国、参加军事干部学校的高潮。1951年1月10日，庞邦本成为光荣的中国人民解放军战士，开启人生新的一页。

在部队，由于他有绘画特长，他成为一名部队美术工作者，从事美术创作。他开始用连环画来表现部队生活，受到了部队的表扬。从此，他与连环画结下不解之缘。

从部队转业后，庞邦本考入大学。不论是读大学、做教员，甚至到后来被划成"右派"，对连环画他都不忘初心，一如既往地喜爱。当年北京市公安局集中了一些"右派"画家办了个北苑美工室，不能用真名字，庞邦本以"安玖"为笔名，为出版社、报刊社画稿子，其中也有《连环画报》的稿子。当年，许多"右派"画画都不能用真名字，像王世襄、华三川等人，都有这样的故事，有些人以此为耻，不愿意提及那段历史，但庞邦本不回避那段历史。

"文革"开始，庞邦本到工厂工作，干起了汽车车身造型和设计，业余时间奉命画大幅宣传画，此时，他开始偷偷画自己的油画。

二

1979年底，庞邦本的"右派"问题正式改正，他回到北京。他将带回来的油画作品参加全国或北京的美术展览，有的还获了奖。这时，庞邦本面临工作方向和艺术的抉择。他认为，连环画可以试试，于是，将莫泊桑的短篇小说《我的叔叔于勒》改编成24幅的文字脚本，用素描纸、一支塑料芯水笔，两天画完，想送《连环画报》试试，又有些困惑，不知现在的编辑能否接受。他和丁聪和曹辛之聊天说起此事，丁聪和曹辛之看了他的作品后，都认为是好稿子，但最好写一封推荐信。他们每人写了一封推荐信。

有两封推荐信，庞邦本心里踏实一些，带着稿子和推荐信去了人民美术出版社。那时，人民美术出版社还在北总布胡同32号，《连环画报》在东边楼里。在传达室，庞邦本等着《连环画报》来人见面，心里还是有点忐忑。想不到，见他的是《连环画报》资深编辑费声福。费声福是典型的认稿不认人的老编辑，他粗看了一下画稿，就表示稿子可以，请留下地址、电话。庞邦本说还有两封推荐信，正要掏出来，费声福摆摆手，表示"用不着"。这个举动瞬间感染了庞邦本。从此，二人越走越近，终于成为事业的莫逆之交。

庞邦本创作的连环画《我的叔叔于勒》在《连环画报》1980年第8期发表了。

因为用真名发表，那时的《连环画报》是十大发行量最高的期刊之一，期发在100万左右。一夜之间，庞邦本重回人们的视野中。

那时，"文革"虽然结束，但大家还是心有余悸，不知道被错划"右派"的朋友是否还活着。庞邦本以真名发表作品，宣示着自己在政治上毫无问题。熟人开始问候，出版社纷纷向他约稿。

《连环画报》向庞邦本约稿莎士比亚的《一报还一报》，很快发表。《连环画报》又继续约他画《荷马史诗·伊里亚特》，当时请四位画家，分四段连载，庞邦本排第二。画第一段的原是高燕，不巧，他病了，《连环画报》要庞邦本"救场"。庞邦本日夜兼程，创作出两段，发表在《连环画报》1981年第5、6两期上。人民美术出版社看好此选题，计划出书，请徐淦老编文字脚本，最后出版了《伊里亚特的故事》上、下两集的单行本。连环画《伊利亚特的故事》入选第六届全国美术作品展，并获得第三届全国连环画评奖绘画二等奖。

当时，画连环画的画家多，但多是擅长古典题材，或者现实题材，对外国题材的连环画，很少有画家能够得心应手地驾驭。庞邦本小时看过许多外国名著和外国

《一报还一报》
庞邦本 连环画

《伊利亚特的故事》(上)
庞邦本 连环画

《伊利亚特的故事》(下)
庞邦本 连环画

连环画、画册，对外国故事、建筑、衣饰不陌生。他借画外国题材连环画之机，到各大图书馆泡了几个月，浏览外国画报、画册等，尤其是希腊题材的画册，积累了大量素材，在画连环画过程中，才不至于有常识性硬伤。画外国题材的连环画，几乎无章可循。庞邦本琢磨，希腊雕塑没有表情，如果让维纳斯笑，怎么画？是露齿还是不露齿？那段时间，庞邦本像着了魔一样，对着镜子做各种表情。经过一段探索，他终于画出标志性连环画作品。

庞邦本创作的连环画《伊里亚特的故事》个性鲜明，很好地把握了连环画的表现特点，即连续性、可读性、趣味性、远景、中景、近景穿插，在有限的画面中，主题突出，同时兼顾时代背景，道具真实，很好地再现了故事所描述的时代。

庞邦本有扎实的油画功底，造型准确，笔下的男性身材健美、女性颀长婀娜，有如希腊神话的雕像。他采用钢笔作画，通过线条的不同变化，组成黑白灰的不同调子，表现物象及主题，线条坚实有力，洗练简约。

构图多变也是庞邦本的特点。他的构图变化，可以说独领风骚，影响了一代美术爱好者。比如庞邦本创作的连环画《伊里亚特的故事》中，描述赫耳墨斯通知珀琉斯，宙斯要给他一个海里的神女做妻子，但必须先抓住她，她才肯结婚，可是神女忒提斯会十八变，不容易抓到。

第八幅文字是这样的："忒提斯也接到通知，由好些女伴簇拥着到海边来了。当她还在打量这个人间的男子是否配得上她，珀琉斯猝不及防地抓住了她。"

画面中左上方，珀琉斯粗壮的手抓住了忒提斯手臂，但忒提斯似乎在挣扎，飘动的衣带显示了动感。远景，女伴们离去。

第九幅文字脚本："她转眼变成一棵树，他紧紧握住树枝。接着她变成了一只鹰，他抓住它的翅膀。随后他发现抓在手里的竟是老虎的前爪，他仍然抓住不放。"

限于连环画的篇幅，长篇文学作品的改编难度大，有时不得不把许多画面放在一个画面中表现，而这最考验连环画家的构图能力。庞邦本采用圆图，里面有狮子、老虎、鹰、树，还有珀琉斯各种抓住的神态，画面丰富生动，可读性、趣味性很强。

第十幅文字脚本："她好像有点儿不耐烦了，再变成一只大乌贼，这可真是失算，他将乌贼的两条细长胳膊紧紧揪住，使她再也不能变了。"

这一幅黑白墨色表现的乌贼，竟借鉴了汉像砖的表现方式。

第十一幅文字脚本："她只好老老实实地变回了忒提斯。忒提斯笑嘻嘻地认了输，大大方方地答应了珀琉斯的求婚。后来他们果然生了一个比父亲伟大的儿子，就是我们以后要写到的勇武过人的希腊军中的大将阿喀琉斯。"

画面中，珀琉斯求婚，忒提斯愉快地答应，长发飘飘的女神们在左上角天上幻影般出现，祝福新人。庞邦本丰富的想象力在作品中得以展现。

当年创作绘画时，大家不限于传统的表现方式，尝试新的表现方式是画家们的乐事。庞邦本在创作连环画《复活》时，需要表现帷幔等大面积阴影，传统绘画需要多线条画出"灰面"，庞邦本则尝试拿海绵蘸点墨在纸上轻轻一压，疏密灵动的阴影就形成了。

庞邦本的外国题材连环画，最大的优势还是人物塑造和环境处理。改革开放初期，年轻一代几乎没有见过国外的图片画册，对国外的生活场景非常陌生。庞邦本创作的外国题材的连环画没有回避人物及背景，让人们大开眼界，获得以往没有的审美享受，逐渐了解到异域的风土人情。

大家对外国名著了解很少，《连环画报》为满足读者的需求，开辟

《复活》庞邦本 连环画

了"长篇短绘"栏目，由这个栏目介绍长篇或中篇外国小说。庞邦本进入连环画的创作高峰，连续绘制发表的连环画有萧伯纳的《华伦夫人的职业》《社会支柱》、狄更斯的《双城记》。同时，庞邦本画了一批中长篇连环画，如托尔斯泰的《复活》、巴尔扎克的《欧叶尼·葛朗台》、大仲马的《三个火枪手》、夏洛蒂·勃朗特的《简·爱》、希腊神话《阿耳戈英雄历险记》、薄伽丘《十日谈》、《天方夜谭》中的《神灯》《公主的羽衣》《阿里巴巴与四十大盗》以及《耶稣传》《假若明天来临》等名著。

《欧也妮·葛朗台》庞邦本　连环画 　　　《假若明天来临》庞邦本　连环画

庞邦本成为画外国名著连环画的领军人物，他说："将一部长篇文学作品浓缩成文图精美的连环画，是颇费心思和功力的一种创作享受。画连环画时，我更像是一名电影导演，还要自己当编剧，负责道具、场景、故事节奏等等。"

庞邦本连环画创作风声水起，不久，有人帮他调入《连环画报》编辑部，但人事不顺利。时任文化部副部长周而复给人民美术出版社社长邵宇推荐。邵宇看了他的情况，很高兴，认为调到出版社没问题。但建议到人民美术出版社创作室去画油画。这个建议让庞邦本颇感意外，创作室在当年是最好的部门，几乎所有希望创作的画家向往的地方。但他觉得对不起《连环画报》编辑部，毕竟是《连环画报》编辑部要的人。这事就被搁置了。

三

1985 年 5 月，中国连环画出版社成立，总编辑姜维朴借调庞邦本，001 号调函就是商调他的，先借用后正式调入。从此，庞邦本从连环画作者变成了连环画事业的开拓者。

我与庞邦本相识始于 1985 年，在中国连环画出版社的《中国连环画》编辑部。1985 年 5 月，中国连环画出版社成立，庞邦本是最早进入出版社的职工，我那时在调动工作，每周到《中国连环画》编辑部工作几天。编辑部主任是费声福，负责编辑部全面工作；副主任是吴兆修，负责文字脚本等管理工作。

庞邦本是美编，相当于美术组组长，后任《中国连环画》副主编。美编又调来张桑女、陶莎、吴平等，都是 1977 级、1978 级大学生，水平很高。当时提出的目标是超过《连环画报》。

庞邦本身材颀长，花白的长发整齐地梳理。一副金边眼镜，装扮不同常人。一开口就知道他是儒雅的知识分子。当得知他是错划的"右派",我对他更是尊敬有加。

在《中国连环画》编辑部里,他直言不讳希望引进国外优秀的连环画。费声福考虑得多些,要求各种风格都要好搭配。不过,好稿子是大家的共识。记得在第六届全国美展上,展出和获奖的作品大多是在《中国连环画》期刊首次发表出来的,这给大家很大的鼓励。

庞邦本在《中国连环画》月刊中推出《外国画廊》专栏,系统介绍欧美各国及日本等地漫画大师及其代表作,力求唤起读者对新漫画的关注。1986年,中国连环画研究会组织了全国美术出版社总编辑参加的"外国连环漫画研讨会",庞邦本作了《外国连环画源流与现状》的主旨发言,向与会者介绍外国连环画。

然而时间不长,《中国连环画》期刊面临经营困难。出版社鼓励期刊编辑编书,在编期刊的同时,我开始为出版社策划图书选题、跑发行。记得庞邦本大力策划了一批外国连环画,我印象最深的是《超人》《蝙蝠侠》。《超人》在当年是创了发行量记录的,大约有20多万册,都是小商小贩卖的。早上,在读者服务部外,来批发取货的书商排起长队。

庞邦本的图书策划能力很强。现在大陆的读者几乎没有不知道台湾蔡志忠的,但大家都以为是三联书店捧红的。其实,蔡志忠在大陆出版的第一本漫画《庄子说——自然的箫声》是庞邦本策划出版的。那是1987年,庞邦本得到这本书,就在社里报了选题,第一次印刷,谁也没有把握,只印了5000本,但很快销售一空。庞邦本让我写一个内参给新华社。我还清楚地记得,蔡志忠的这本漫画《庄子说》在台湾连续六个月排行第一,一个月内不断加印,再版36次。

1992年,中国加入《伯尔尼公约》保护版权。这之前所谓"盗版"是默许的,但庞邦本还是托三联书店的老朋友沈昌文去联系版权。沈昌文对此没有兴趣,但这事被即将从香港回内地接任三联书店总经理的董秀玉知道了,三联书店将蔡志忠所有的漫画书版权买下来。中国连环画出版社与蔡志忠擦肩而过。

1990年，在《中国连环画》编辑部，面对传统连环画断崖般下降的现状，如何应对，各有各的意见。庞邦本认为，可以从美国连环画中汲取营养，《超人》《蝙蝠侠》《人猿泰山》都是典范，法国的《枪手》等多格漫画是未来方向。而我从日本考察回来，也在思考，为什么日本漫画那么受欢迎、漫画语言到底何在。结合这些案例，我写了一篇《中国连环画何去何从》的理论探讨文章，发表在理论刊物《连环画艺术》上。

文章发表一个月后，姜维朴总编辑将我从《中国连环画》编辑部调到连环画册编辑室，负责编辑室的工作。那几年，和《中国连环画》副主编庞邦本的交往少了。

四

没几年，我们因为连环漫画又走到一起。早在1984年，庞邦本创作的连环画《一小时内》和以后的《银脸谱》《假若明天来临》已经尝试采用国外流行的一页多幅的连环画表现形式。他试图将国外的一些不同的表现形式引进连环画创作中。

我全身心投入编辑室的图书编辑工作时，编辑连环画图书有三个重点：一是连环画《地球的红飘带》一类的重点图书，二是低幼连环画，三是有新的形式探索的连环画。对连环画新的形式探索，有引进的日本漫画《铁臂阿童木》；有中国香港式漫画，比如约徐锡林画一套中国香港漫画风格的《精忠报国》。20世纪90年代初，许多盗版的日本漫画进入大陆市场，泥沙俱下。

此时，身为民进中央出版委员会委员的庞邦本与民进中央等领导共同向中央建议，要求对引进出版儿童读物加强管理。这个建议分送人大、政协及众媒体，推动了中宣部动画"5155工程"。

1994年，中宣部出版局召开了一次关于动漫发展的务虚会。参会的有中国少儿出版社的黄伯诚、人民美术出版社的孟庆江、中国连环画出版社的费声福、庞邦本

《银脸谱》 庞邦本 连环画

和我。之后不久，中宣部动画"5155工程"启动。

1995年，我主持"5155工程"中新创刊的《少年漫画》工作，庞邦本刚刚从岗位退下来，他不遗余力支持连环漫画事业，不遗余力地支持《少年漫画》，不遗余力地支持我。当我们组织面向全国的连环漫画创作讲座时，他来了；当我们组香港、台湾稿件困难时，他来了；当我们在中国美术馆组织"中国连环漫画展"，需要支持时，他来了。

在20世纪90年代，庞邦本乐于将欧美各国及日本等国的漫画表现形式介绍到中国来。庞邦本不在表面上做文章，他也下功夫分析国外的漫画语言。比如，他在分析日本的漫画《圣斗士星矢》《七龙珠》后认为："《圣斗士星矢》的整个故事结构非常紧密，整个故事内容融入了西方希腊神话和日本武士道的精神，并融入了中国《红楼梦》中的一些情结，是一部兼具中西方文化的日本漫画。"

而当连环漫画引进了大量新的漫画语言时，当大家画画甚至弃用画笔而是用电脑软件创作时，他又不忘告诫年轻的朋友，要重视中国传统的文化。他说："现在的中国动漫，应该借鉴传统连环画、消除快餐感，展现中国的东西，才有发展，只靠模仿是不可能超越别人的。"

五

虽然庞邦本在连环画创作上如鱼得水，获得许多荣誉，但他的激情还在油画创作上。如果说，在20世纪五六十年代换画种创作不是新鲜事，而进入90年代，美术教学走入快车道，美术创作进入前所未有的繁荣阶段，每个画种都有许多画家参与，经验不足就会被年轻人淘汰。换句话说，换画种风险很大。从传统连环画跨越到中国画、油画，有成功者，也有失败者，一些成功的连环画家守在原有的位置上，也是一种选择。

庞邦本重拾油画画笔，是无怨无悔的选择，是艺术的选择，更是人生的选择。他说："我前20年是迷迷糊糊过来的，中间20年被约束于改造中，后之20年被编务缠身，60岁之后还能全心于绘画实在是件幸事！人生的阅历和生活的磨难是不能替代的财富。它让我在古稀之年还能拥有一颗童心。"

20世纪90年代，我曾到庞邦本三不老胡同的住所，看到他的大量的油画创作，非常吃惊：一是水准之高令人钦佩，二是数量之大令人惊讶。特别是他还有很多重彩水墨的实验，更是令人兴奋不已。

《扎西德勒》是庞邦本的代表作。1997年，庞邦本到西藏采风，收集了大量素材，而速写中的失明老藏民，让他久久不能忘怀，回京后便很快画出了这幅作品。

藏民有转山的传统，那是对宗教的虔诚追求，我们去过西藏的人都会有深刻的印象，而庞邦本笔下的藏民更具有典型性。老藏民双手祈祷，双目虽盲，但内心光明的他却望着遥远的神山，似乎看不见又看得见。绘画并不仅是视觉艺术，更重要的是有思想。绘画的取材，也能体现画家是否有思想。同样是画祈祷、转山，体现了作者对人生的哲思。

庞邦本笔下人物是写实的，是传统的油画风格，同时吸取了西方近现代各流派的营养，并赋予了更深层的思想。他希望通过笔下的肖像画，画出人物的精神状态和人生的阅历，使作品的内涵更加丰富。其油画作品《新头巾》着意表现西藏女孩的纯美，《玉镯》注重其可读性、故事性，《昌圣法师肖像》散发出神秘气氛，《青海湖》挥洒出辽阔的生命空间。

说起连环画和油画创作之间的关系，庞邦本说："我的油画和我以往的连环画、插图作品保持一定的延续性，这种延续性使我在油画创作中更深入地刻画人物成为可能。在中国以写实手法表现的油画，其传统不仅有时代因素，还在于它和传统的审美趣味相一致。因为关注生活，所以在我笔下多是平凡的老百姓。我在追求严谨

《扎西德勒》庞邦本 油画

《玉镯》 庞邦本 油画

《新头巾》庞邦本 油画

《青海湖》庞邦本 油画

《脸谱》庞邦本 中国画　　　　　　　　　　《打渔杀家》庞邦本 中国画

沉稳的东方形式构架的同时，兼容了西方近代的绘画传统——从新古典主义到印象派。我追求作品的内涵和一种人道主义的感染力。"

庞邦本的中国画更是令我震惊。

他画的显然不是我们常见的中国画构图、笔墨。他运用重彩水墨，主攻人物，与他画连环画一脉相承，在传统和现代之间行走，他画的最成功的是京剧人物、门神。

他笔下的京剧人物、"脸谱系列作品"以京剧人物、脸谱为对象，讲究趣味，用笔率真，色彩大胆，墨色淋漓，不求形似求神似，与众不同。而我更喜爱他的门神。门神是中国独有的文化。在门两边贴上门神，有镇宅的寓意。他笔下的门神不仅有东方传统的形，还有着西方多层次的色彩、丰富的装饰性，堪称中西绘画结合的典范。

庞邦本艺术与人生相辅相生。生活优裕的少年、苦难的青年、意气风发的中年、沉静的老年。从连环画到油画、中国画，一脉相承，又一路生发，他创造了艺术的一个又一个新的境界，在美术史上留下了清晰的印记。

姚奎

〔中国画画家、连环画家、编辑家〕

姚奎先生

生命、力量、简约、平和、诗情和意境

姚 奎

(1936—2007)

山西垣曲人，中国画画家、连环画画家、编辑家

原名姚发奎。1950年参军，1952年参加抗美援朝。1957年，考入中央工艺美术学院（现清华大学美术学院）装饰绘画系壁画专业。1962年，被分配到中国建筑科学研究院工作。1964年，为桂林市展览馆设计大型陶瓷马赛克壁画《桂林山水歌》。1965年，调入文化部出版局。1971年，调入人民美术出版社，先后任《连环画报》美术编辑组组长、创作室主任、人民美术出版社总编辑助理，《中国美术分类全集》副总编辑。出版有《姚奎画集》，在世界各地多次举办个人画展。1990年赴加拿大讲学，后定居于此。2007年，病逝于北京。

一

姚奎，原名姚发奎，1936年生于山西省垣曲县。父亲姚骊祥是抗日爱国将领，曾任国民革命军陆军少将，1945年退役。姚发奎从小喜欢画画，喜欢文艺，中学期间曾参加中学话剧社。

1949年11月，14岁的姚发奎在歌乐山上中学，遇重庆解放。1950年2月参军，加入中国人民解放军11军32师。

1952年，作为中国人民志愿军步兵32师文工队战士，姚发奎参加抗美援朝入朝作战。1954年获"三等军功"一次，1956年随部队回国，1957年3月获先进工作者称号（时在志愿军321部队）。

1953年在朝鲜，姚奎17岁时奖章照

1957年，喜爱艺术的姚发奎从部队考入中央工艺美术学院。

二

1957年秋，姚发奎考入中央工艺美术学院装饰画系壁画专业。当时他并不理解何为"装饰性"。第一次上水彩课，袁运甫老师摆放了一只花瓶和一个小配件，让他们做课堂写生练习，老师并没有对水彩画做更多讲解，也没有做示范。下课时，袁老师指着他的画说："这张画得很有装饰性。"袁老师所指的装饰性，是指画面整体感，注意造型的完整性和色彩的协调和谐，没有一般水彩画的随意和洒脱。姚发奎之前没有受过水彩画的训练，完全凭直观和个人感受所做，是一种自然流露。

在上学期间，姚发奎得到张光宇、张仃等老一辈装饰绘画艺术大师的亲自指导，使他以后的艺术创作一直受到装饰绘画观念的影响。

姚发奎长于控制自己的情绪，并将每天的学习安排得有条不紊。上学期间，他每天都有详细的时间计划表，学习、锻炼、工作都安排得很周密，并按照计划表执行，这在学艺术的同学中卓然不群。他对自己要求很高，非常勤奋，随时会画速写或构思，创作也比别人多，很少闲逛玩乐，同学们评价他是"劳劳结合"。在校四年，由于品学兼优，姚发奎四年连任校学生会主席。

姚发奎大学同班同学张世彦回忆，姚发奎是班长，为人善良。在20世纪五六十年代极左思潮盛行的时期，姚发奎始终尽力保护爱护同学，全校只有他们班里没有同学被错划为"右派"和"反革命"。

一次，姚发奎带全班同学去给老师拜年，也去看了被错划成"右派"的袁迈老师。回来后，他受到了学校的严厉批评，预备党员也被延长了一年。

毕业后，同学岳景融被划成"反革命分子"，其女友去问姚发奎怎么办。姚发奎肯定地告诉她，岳景融不是反革命，这句坚定的话保全了这份恋情和婚姻。姚发奎对这些事情有自己的看法，他曾对张世彦说："斗来斗去，搞不好明天就斗到自己了。"

《课堂写生》姚奎 水彩

三

1962年，姚发奎毕业分配到中国建筑科学研究院工作。

1964年，受桂林市委托，姚发奎为桂林市展览馆休息厅设计壁画。这是1949年后国内第一幅大型陶瓷马赛克壁画。他游览了桂林山水，受其感染，一个大胆的构思跳跃出来，要取桂林山水的精华部分。桂林山水的自然素材很多，但要将延绵数十千米的桂林山水浓缩在不到12米的墙面上，还是要有取舍，不可能去复制。姚发奎在马赛克瓷片生产技术的局限中，最大程度地表现桂林山水的"仙境"。然而就是这样一幅曾被数种壁画论著选用作为图例的杰作，1966年至1976年间还是被认为有问题，幸亏有懂行的人冒着危险用泥土封盖住。

吴冠中先生在1976年后不久，看到了这幅壁画作品。他在文章中说："我在桂林展览馆看到一面镶嵌壁画，表现了漓江山水的俊俏与清新，石痕波纹间的线组织中穿流着青春的活力，令人立即联想到'江作青罗带，山如碧玉簪'的佳句。在'光''亮'的庸俗作风余毒犹在泛滥之际，居然能看到这样的壁画，惊喜之余有点不相信自己的眼睛了。原来，这画在"文革"期间是被有心人将泥土封盖后侥幸存下来的，我看到时才刚刚'出土'。这出土作品的作者是谁？是姚发奎，他是中央工艺美术学院1962年壁画专业的毕业生。长期受到张光宇、张仃及袁运甫等老师的教益，难怪我感到作者的风格是如此亲切熟悉。"

1965年，姚发奎调入文化部出版局。同年，中共中央组织各级干部去农村参加"四清运动"。姚发奎被分配去河南林县（今林州），那时太行山区的一个贫苦县。山区由于缺水，干旱之年，历史上有许多人为此丧命。2016年，我第二次去林州，参观红旗渠纪念馆，看到了历史的干旱记录。当年林县县委书记杨贵带领几万农民劈山开路，通过几年的艰苦奋斗，引漳河水入林县，修建了名闻天下的"红旗渠"。1966年4月20日，红旗渠通水大典，姚发奎见证了这一激动人心的时刻，他以速

《桂林山水歌》姚奎 壁画

《江作青罗带 山如碧玉簪》姚奎 纸本彩绘

《水乡姐妹》姚奎 纸本彩绘

《水乡人家》姚奎 纸本彩绘

《几筐鲜鱼》姚奎 速写

《竹棚生活》姚奎 速写

写记录了这一动人场景。

1969年,姚发奎随文化部出版局下放到湖北咸宁文化部五七干校,年轻的他任1连3排排长。在干校期间,除了到向阳湖插秧种田,业余时间,姚发奎不忘写生,记录生活。在他的笔下,不仅有劳动场面,还有许多人物速写,有同连队的战友,也有湖北当地老乡。同时,他也画了许多水粉画,主要内容是山水风景。

由于我也曾随父去湖北五七干校,对那里很有感情,我注意到,画那里山水的不是很多,而姚发奎画了大量的作品,可见他对那里一草一木的热爱。向阳湖五七中学的同学非常喜爱他的作品,尤其是一张背景是五七中学的作品。自己动手盖的

《五七中学》姚奎 纸本彩绘

《连队宿舍》姚奎 纸本彩绘

几间红瓦房,操场中间的旗杆,这场景让经历者回忆起许多过去的故事。他们见到后,纷纷要求复制留念。

姚发奎在干校期间办了一个小型个人画展。同样下放干校的人民美术出版社编辑徐政武(后改名徐希),回忆起此事说,在1969年底看见一张"姚发奎个人画展"的海报,这在干校是个稀罕事。徐希和张广和(后改名张广),在劳动收工回连队的路上,顺道去看了画展。在这个简易的画展中,他们初次相识。

之后,姚发奎经常到人民美术出版社所在的25连,与年轻的画家一起交流。

1986年，姚奎（左二）与张广（左一）徐希（右二）石虎（右一）观看姚奎画展

四

1971年，许多干部回北京工作，姚发奎如愿以偿地调到人民美术出版社。

1973年10月，《连环画报》在中央高度关注下复刊。不久，姚发奎调到《连环画报》编辑部，并任美术编辑组组长。

那时，全国的刊物不像今天这样多，《连环画报》是少有的发行量很大的刊物。由于刊物少，那时的美术家发表一张作品或一篇作品很难，《连环画报》是一个发表美术作品的刊物，自然受到画家们的关注，程十发、陆俨少、范曾、陈逸飞等都画过连环画。1976年后，连环画更是迅速发展，许多新的画家涌现出来。

《连环画报》高峰时期，有18位同志，各司其职。美术编辑组长需要承担相当的责任。姚发奎一方面组织《连环画报》的编辑工作，向优秀的绘画作者约稿，一方面加强连环画的修养，并尝试创作连环画。

《连环画报》作为当时的重要刊物，配合形势，经常派出美术编辑或画家到油田、农村写生创作，姚发奎也经常被派出去工作。

1989年11月17日,姚奎(右)拜访李可染先生（左）

1976年，周恩来总理去世，从工厂到农村，全国人民都在怀念他。姚发奎曾和张广等画家前往大庆油田、山西大寨采访写生。姚发奎创作的《周总理和大庆工人在一起》，发表在《连环画报》1976年第12期。

1978年，姚发奎自己编绘的连环画《绿色的宝库》发表在《连环画报》同年第11期。这部连环画作品展现了画家的文学功底和娴熟的绘画技巧。在传统连环画中，文字脚本作者和绘画作者一般是两个人，一个人自编自创比较少见。

与大家的想象不同，当年《连环画报》的约稿、编稿过程相当复杂。首先是文字编辑提供选题,选题来源于投稿作者或编辑通过大量阅读提供。选题由编辑报给《连环画报》文字组组长，文字组组长审定，有时还需与编辑部主任或副主任商量，重大选题需讨论。选题通过后,由选题提供者编写文字脚本,也可能由编辑约作者撰写。

连环画文字脚本编写完毕，由编辑一审，文字组组长二审，稿件发副主任或主任审定，转到美术组，由美术组组长分配美术编辑约请美术作者。编辑部的任何选题和稿件，均要按程序进行，作为美术编辑组的组长也不例外。姚发奎的选题都是自己提出，并通过程序审批，最终自编自绘。

连环画《绿色的宝库》线条流畅，疏密得当，一方面展示了作者的写实功底，一方面强调了装饰性特点。风景、建筑和人物安排妥帖，近景、中景、远景穿插使用，熟练地将连环画特点运用出来。

五

改革开放后的人民美术出版社创作室于1978年10月成立。这个创作室不同于之前的《连环画报》创作组。时任人民美术出版社社长的邵宇考虑到，伴随社会发展，不会再有以前的前店后厂的创作室构架，同时珍惜画家人才和他们的创作愿望，于是决定成立新的创作室。创作室成员有王叔晖、刘继卣、任率英、李平凡、林锴、王角、徐希、张广等人。

20世纪70年代中期，人民美术出版社几位画家纷纷改名，将三个字的名字改为两个字，如徐政武改名徐希，张广和改名张广，姚发奎也改了名字，叫姚奎。

1979年初，邵宇认为姚奎有管理经验，而且有一定的创作能力，于是调姚奎任人民美术出版社创作室主任。

张广认为："邵宇建立人民美术出版社创作室，很开放，可以有绘画、书法、篆刻几方面的自由创作。姚奎很好地执行了邵宇的方针，使创作室一直有很好的创作氛围，大家友好坦荡、不讲资历、相互鼓励促进，没有画院存在的师承关系、论资排辈现象。创作方面既有继承，又注重自由创新，每个人有自己的风格、感受，又融合成一个和谐温暖的团体，为当时全国的画家们向往。在这个时期，人民美术出版社创作室在美术界，是一个很重要的国画创作阵地。"

姚奎在建设人民美术出版社创作室过程中做了许多努力。一方面他做好老先生、老画家的服务工作。随着时间推移，一两年后，王叔晖、任率英、刘继卣、李平凡相继退休，之后几年中，石虎、赵晓沫、许全群从其他编辑室陆续调入创作室。另一方面他勤奋创作，画出了大量美术作品，并努力探索自己的个人风格。

在人民美术出版社创作室有几位与姚奎年龄相仿，又志同道合的画家，徐希、张广、石虎，这三位个性都非常鲜明。张广能纯熟地运用中国画传统笔墨；徐希借用版画效果画中国画，在国际上屡获大奖；石虎以西方色彩和大胆的造型在宣纸上惬意游走。姚奎应当如何走出自己的路呢？在工艺美院学习的装饰绘画风格成为他的不二选择。

六

1980年，姚奎创作的《傣家》面世。画面中，傣族同胞在热带雨林中盖起的竹楼，和大自然融为一体。这是姚奎中国画的代表作。色彩丰富，线条富有弹性，画面有强烈的装饰风格，并使用了宣纸晕染。是以前面重彩涂抹，后面浓墨衬托，有

《密林中的傣寨》姚奎　纸本彩墨　　　　　　《傣家》姚奎　纸本彩墨

2005年，姚奎（左）与吴冠中先生（右）

了新的水墨效果，这也是他水墨观的诞生，这张作品对其后来的创作有着引领的作用。1982年，他出版第一本画册，就选用这张来做封面。

1982年，《运河系列》《北京系列》奠定了姚奎的绘画风格。这部分作品更注意创新，比如《禁城一瞥》和《岁月》，重叠的宫殿预示着皇室的宏伟，他为了表达心中的感受，突出强调红色门窗的整体性，以红色为主色调，把这一切融入黑色的夜空中，既是真实的，也是梦幻般的。

1988年绘制的《立体交叉》则轻快、令人愉悦，充分展示了姚奎构成上的能力。著名画家吴冠中评价这幅作品："姚奎的这幅《立体交叉》就是用墨彩表现色彩斑斓、形线交错的尝试，效果甚好。究其因，作者首先把握了曲、直、回、旋之和谐构成，控制了多姿多态的身段美。直立的楼层与转动的道路间的拍合是画面结构中成败的关键，有心人、行家们当着眼于这曲与直相衔接的处理，那诚是差之毫厘失之千里的枢纽。众多的帮腔：楼房门窗的横线、小方块、碎点，它们溜到公路上，摇身一变而成奔驰的车辆、骑自行车的人群。设色无多，红黄蓝绿而已，这几种原色被击碎，镶嵌似的散播于整幅画面，辉映成彩……"

1990年，姚奎到加拿大定居，这时的作品又有变化。《蒙特利尔之秋》《鬼节欢

《岁月》姚奎 纸本彩墨

《故宫雪霁》姚奎 纸本彩墨

《立体交叉》姚奎 纸本彩墨

《红杏出墙来》姚奎 纸本彩墨

歌》，在作品中宣泄激情，表现人们对大自然的亲近和对生活的热爱。他使用比原来更重的重彩，用更浓的墨色，在宣纸上挥洒，表现加拿大景色的艳丽，也融入画家对墨韵的喜爱和重视。

来到加拿大，姚奎见到更为发达的立体公路，他试图以水墨画表现更大规模的立体交通，命名为"大动脉"。加拿大一位美术评论家说："我们这里早已变成了娱乐场，远离祖先和诗歌，中国来的画家姚奎先生，在冰冷的水泥堆中发现了诗意。"

从1980年始，姚奎创作的《小鸟天堂》《泉州双塔》《鬼节》等五幅作品先后被中国美术馆收藏。

七

我与姚奎先生相识是在人民美术出版社创作室。那时他还很年轻，每次见到他，都能感受到他的热情。他的作品面目清晰，一眼看上去就知道是他画的。当时感到他低调，不张扬。后来知道他出国，一直没有联系。直到2007年初的一天，他给我打来电话，告诉我他住在望京，没说几句，可能想起在人民美术出版社的时光，他忽然哭起来。我安慰他，有时间去看看他。还没等去看他，便传来噩耗。2016年才得知，那时他已经知道自己得了癌症，去日不多，可能想见见我。此事让我后悔不已。

2016年，在一个朋友聚会的场合，见到姚奎的大公子姚庚，是位著名的摄影家，便有了写姚奎艺术小传的想法，因资料问题，拖了半年多时间。

姚奎的艺术座右铭是："生命、力量、简约、平和、诗情和意境。"这是他的艺术追求，是他性格所在。回归纯净，回归大自然，追求真情，他一辈子追求了，也用他的作品完美表达了。

《蒙特利尔之秋》姚奎 纸本彩墨

《小鸟天堂》姚奎 纸本彩墨

《东直门车站》姚奎 纸本彩墨

樊林

〔中国画画家、连环画画家、编辑家〕

― 樊錦詩先生 ―

从黄土高坡走出来的山水女画家

樊 林

（1939—）

山西原平人，中国画画家、连环画画家、编辑家

1966年毕业于西安美术学院国画系。师从刘文西、陈光健、陈瑶生、郑乃珖等先生，深受以石鲁先生为代表的长安画派的影响。1966年毕业后在北京幻灯制片厂工作，1985年调入中国连环画出版社。中国美术家协会会员、北京市女画家联谊会会员、美术编审。她主编的《诗情画意》画册，获首届优秀图书评奖铜奖。1959年处女作《赛诗画》出版，并在《美术》杂志发表。其作品浑厚朴实，并富有意趣和时代感。《羿和嫦娥》《威震敌胆》《九曲黄河》《塬上人家》等作品先后参加过全国及省市级美术展览和国外展览。其中《羿和嫦娥》1981年获"北京市美术作品展览"优秀作品奖，并被收藏。在北京、香港等地参加"黄土魂"国画联展和水墨画联展。《黄河九曲渡万壑》被中国画研究院收藏。《北国风光》被人民大会堂收藏。1994年出版《樊林画集》。1996年、2007年分别在北京、广州举办"萧万庆、樊林伉俪画展"。2004年8月在北京国际艺苑举办"樊林山水画展"。

一

1939年，樊林出生在山西原平县郭家庄村，典型的黄土高坡，常年缺水，全村只有一眼水井。父亲1949年后成为山西省工业厅职员。

樊林从五岁便跟着大人在地里干活，点瓜、种豆、锄草、种庄稼。姥姥家是很有名的面塑之乡，逢年过节都要捏花馍，还有各种动物及生肖。寒食节时捏寒燕，七月十五捏各种姿态的面娃娃，蒸熟了还要染色，画眉眼。然后小孩们拿了互相比，看谁家媳妇手巧做得好看。逢春节时各家要贴窗花，樊林的母亲窗花画得好，也能画年画。每当此时，她总被邻居邀请去做花馍或画窗花，樊林有时也动手捏上几个，得到大人们的夸赞。村里有一家人还请她去画大公鸡，贴在灶前辟邪。

樊林考入了太原五中，这是所重理轻文的重点中学，樊林原有工业、科技强国的思想，美术只是爱好，没想当画家。初中时参加了美术组，遇到了美术老师黄允中。黄允中老师毕业于浙江美术学院，油画、水彩画画得好，重视素描教学，鼓励写生。樊林初中毕业那年，技校不招生，想考高中，又因为家贫供不起。黄允中认为樊林的美术成绩不错，有发展的可能，又因为西安美术学院是公费，于是鼓励她去考美术学校。樊林决定报考西安美术学院附中。

樊林考入西安美术学院附中，几年后顺利考入西安美术学院。西安美术学院远在八百里秦川的长安县，离西安有三十余里，背倚少陵塬，对峙神禾塬，步出校门便是桃花流水的樊川，远望则是朦胧积雪的终南山，是学习艺术的绝佳环境。在美院近十年的课余生活，樊林大都是流连于塬上、乡间，尽情领略大自然的真趣。在附中时，她努力学习美术基础课。1958年到农村深入生活，与老乡同吃、同住、同劳动三个月。有了生活感受，樊林画了《赛诗画》年画，1959年出版，1960年在《美术》第二期上刊载。

1961年，樊林考入西安美术学院国画系人物科，刘文西是班主任。刘文西和陈

《九曲黄河》樊林 中国画

光健、陈忠志授课,并带队下乡深入生活。花鸟课由郑乃珖讲授。基础课、山水课由陈瑶生讲授,写生创作课由罗铭和赵文发讲授。刘文西、罗铭等先生都很重视深入生活,将生活作为创作的第一源泉。刘文西老师作品中的宏大场面,众多生动的人物形象大都来自于深入生活的体验。他带学生到延安二十里铺写生,樊林随老师在田间、场院、灯下同画一个形象,收集了大量的创作素材。在老师的示范作用下,樊林的写生能力得到了很大的提高,从其画册上用到的一些速写和写生里,可以看出刘文西对樊林的影响,这为她以后的重大题材的创作打下了坚实的基础。

樊林与爱人萧万庆

1976年至1977年,樊林倾注很多心血创作的《周总理三访大寨》,周总理和众多群众的形象生动严谨,场景丰富自然,体现出了樊林扎实的人物造型能力。刘文西老师还带领樊林的班级去敦煌临摹壁画,敦煌艺术的魅力给樊林以后的艺术创作带来了潜移默化的影响。

大学期间,石鲁、方济众等先生,常被邀请到学校讲课。那时常能看到石鲁及长安画派诸先生的写生和创作原作。石鲁倡导的"一手伸向生活、一手伸向传统",及"要写胸中豪气"的思想,对樊林的艺术道路有极深的影响。

1967年,樊林大学毕业分配到北京幻灯制片厂工作,曾任编绘部副主任、主任等职。幻灯片主要进行科普教育,像计划生育、油库防火、森林法、文物保护法等,题材广泛。但每一部幻灯片都可能用不同的绘画形式来表现,有水彩、水粉、工笔

樊林冬日于河曲写生

重彩、小写意等。有的作品参加了全国及北京市美展。

自卫反击战刚结束，幻灯厂领导派文编、美编奔赴前线，写英雄、画英雄。樊林画的《威震敌胆》连环画和速写，参加了"自卫还击、保卫边疆"全国美展。

二

1985年，樊林调入中国连环画出版社。

1985年，中国连环画出版社成立之初，恰恰是传统连环画走入低谷的时候，连环画向何处去？是连环画工作者需要思考的问题。此时，任连环画册编辑室副主任的樊林倍感压力。

1987年，中国连环画研究会在宜昌召开年会，中心议题是怎样更好地发展中国

《诗情画意·绘图唐诗一百首》
《诗情画意·绘图宋词一百首》

自己的儿童卡通连环画,怎样培养和壮大创作队伍。会议提倡绘画创作者自编自绘。樊林饶有兴趣地在这方面的创作上做些尝试。1988年至1989年,樊林编写脚本和小朋、鲁戈合绘《小猩猩贝特传奇》(十册),由湖北美术出版社出版,此套书获"日月花杯"向全国妇女儿童推荐优秀图书奖。1990年又创作了《迪企奇遇记》(五册),由河南美术出版社出版,获美术读物黄河金牛奖二等奖。樊林在市场的压力下独辟蹊径,从少儿连环画入手,参加编绘《百秒知识问答》等大量图书,取得了良好的社会效益和经济效益。

在中国连环画出版社工作期间,樊林主编了装帧精美的《诗情画意·绘图唐诗一百首》《诗情画意·绘图宋词一百首》。这本书在当时是要承担一定发行风险的,精装,全部铜版纸印刷,稿费较高,定价也较高。但樊林带领美编邀请包括刘旦宅、戴敦邦等著名画家参与创作,图书出版后,获得市场的好评,连年再版,这本书获得了首届优秀图书评奖铜奖。这类画册本是专业美术出版社擅长编辑出版的,作为连环画编辑,这个奖是得来不易的。

《笑话连篇》是樊林编辑的另一套重点图书,当时邀请了华君武、丁聪、方成等国内著名漫画家参与创作,此书不仅在国内再版,英文版、法文版也同时出版,开创了中国连环画出版社图书走向世界的先河。

  1986年,我调入中国连环画出版社,在《中国连环画》编辑部工作,与樊林是同事,1990年又调到连环画册编辑室,同樊林一起负责编辑出版业务。樊林长我几岁,但非常支持我的工作。我们工作很愉快,如果对一个问题有不同看法时,她经常在私下像大姐一样与我商量。在她的全力支持下,连环画册编辑室连年成为社里的创利大户,出版了像《地球的红飘带》《第二次世界大战连环画库》这样具有影响力的图书,同时也出版了"红蜻蜓丛书"等发行百万册的图书。

三

  1979年1月,樊林在中央美术学院国画系研究生班聆听了石鲁讲课。石鲁讲到"中国画的科学性,要从它的美学观点、哲学观点、也是美学规律来找"。"中国画

出版各类个人画集

的科学性应该是'形而上'的"理论触动了樊林,使她有了一把认识传统艺术的钥匙,有了学习的方向。樊林借了傅抱石撰辑的《中国绘画理论》,边读边抄录,对《神韵论》最感兴趣,如"画山水贵乎气韵,气韵者非云烟雾霭也,是天地之真气……"(清唐岱《绘事发微》)。"人品既已高矣,气韵不得不高,气韵既已高矣,生动不得不至。所谓神之又神而能精焉"(宋郭若虚《图画见闻志》)。从"形而上"的层面理解艺术作品,评论艺术作品。

1986年在编辑《新山水挂历》过程中,樊林结识贾又福、龙瑞、胡振崑等几位山水画家。樊林曾拿自己画作请贾又福先生指点,贾又福说:"看你的气质,应该画山水。"樊林由此下决心以创作山水画为主。

樊林重视写生,重视感受。一年,她游五台山,早四点观景,大殿后的远山黑黝黝的,一轮明月高照,雪山隐约可见,很是神秘。等到日出,万道金光洒向金顶,那雪山被染成金红色。返京后,樊林原本要做个小手术,因而住院等待。每到晚上或闭目养神时,那朦胧的山和月亮会浮现在脑海里,她激动不已,顾不得第二天要做手术,偷跑回家,奋笔作画,完全是一种感情宣泄。她有了"与山川神遇而迹化"的体验。以前读"石涛画语录"觉得玄而难懂,再读《石涛与〈画语录〉研究》时就有了更深的理解。

1990年,樊林与赵准旺、张仁芝、胡振崑、吴庆林等一行,赴壶口写生,又到陕西宜川。这里的黄土地很像她的故乡,勾起她无限的思乡之情,回京后激情犹如泉涌,创作了《秋塬明大壑》《宜川农家》《九曲黄河》《牧归图》《黄河九曲渡万壑》《黄河道上人家》等作品。1993年,与赵玉芳、陈克永、邢少臣、韦品高共同举办"现代水墨画展"。刘勃舒、水天中、刘曦林等先生都来看画展,给了较高的评价,他们认为《九曲黄河》《黄河九曲渡万壑》《鸡声茅店月》等几幅,气脉贯通,有意境。《黄河九曲渡万壑》被中国画研究院收藏。后来孙美兰先生看到《九曲黄河渡万壑》的彩片,认为这是一幅佳作,编入《璞玉集》。

樊 林　111

樊林（右一）与刘勃舒（右二）

樊林（右三）与刘文西（中）
陈光健老师（右一）

樊林（左一）与刘文西（左二）
黄胄（中）何海霞（右二）

《龙之乡》樊林 中国画

　　此时,樊林思考向何处去,要寻找艺术之根。她1949年离开故乡,回过几次家乡。1992年又重返故乡,见到村口的老枣树,树根露出地面三尺多,但根牢牢地抓着泥土,老根上又生新枝,树虽老,枝头挂满枣儿。这让她顿悟,艺术之根离不开故土,艺术之路就在脚下。

　　她创作了《故乡》《梦里家山》《大塬秋声》。虽离开故乡几十年,这里的场景仍时时魂牵梦绕。她以大胆的构图、朴素的色彩、雄浑而粗犷的神韵表现自己所挚爱的黄土地。樊林在《创作心路》中写道:"我爱秦之声,伴我作画的音乐,多是秦腔、信天游或是晋北梆子。这些正是响彻黄河以及黄土高原那深沉却高亢、壮阔而嘹亮、朴厚又雄浑大美的声韵。"她对黄土地的爱不仅是艺术家的情感,还有深埋于心底那份农民的对土地的挚爱。作画时以情带笔,笔笔生发,脉络连贯,气韵生动。

"外师造化,中得心源。"这些年,为搞好创作,深入生活,她几乎跑遍了西北,山西河曲、赵家沟和陕西佳县、米脂、榆林更是常去的地方。随文联采风团,去过贵州、三峡,峡江也是她常常表现的内容。

《龙之乡》的创作,在樊林心中酝酿很久。黄河是华夏的摇篮,是中华民族的母亲河。她几次赴山西、陕西黄河地界写生采风。樊林的激情经过几年积淀,终于喷薄而出。2001年,樊林画出六尺整张的《龙之乡》,她抛开具象的山石结构,将前面几组山壑结构,夸张象征为扭动的龙,山顶仍有土长城烽火台,大河从两岸通过奔腾东流。笔墨语言统一,整体有一种凝重的历史感,象征母亲河凝聚华夏民族的力量。

吴冠中先生曾几次到山西河曲、赵家沟采风,在这里发现了一种形式美,他说:"那里是哺育了炎黄子孙的粮仓,那是未开采的金矿。"他创作了《老虎高原》。樊林也曾赴赵家沟。赵家沟纵横交错的塬,很少人工梯田,保持了原生态。沟壑嵯峨,秋塬色彩斑斓,起伏跌宕,富有韵律。樊林在赵家沟也发现了一种形式美,即海涛般的韵律。据此创作经历,她认识到大自然中孕育着美,贵在发现。八尺对开"金土地"系列一气呵成。

为《大河之碑》的创作,樊林第二次来到黄河"龙壕"。观那屹立的石壁,这依然让她怦然心动,她写诗:"两岸石壁耸岸起,劈地黄河穿壑来。河曲景物绝胜处,古塞长城烽火台。"并于2000年创作了七尺对开《大河之碑》。一块普通石壁,因何动情?此石壁正好为载体,让她借景抒情歌颂母亲河。由此启迪,几经酝酿积淀,思想有了飞跃,主题得到升华。

樊林喜欢雪,很想表现大河、大塬、大山"千里冰封,万里雪飘""山舞银蛇,原驰蜡象""大河上下顿失滔滔"的壮观的景象。1998年"大雪"节气,她让儿子陪

《大河之碑》樊林 中国画

《黄河之水天上来》樊林 中国画

同赴山西河曲采风。半路上纷纷扬扬地飘起雪来，塬和路面渐见银白色，收秋后的庄稼茬子、灌木呈褐色，色彩非常丰富。刚进入河曲车沿黄河岸前行，冰面上浮着一层层、一道道白花花的雪，十分壮观。冬日的黄河，冰雪覆盖，它像一条巨龙潜伏着，看不见它昔日澎湃汹涌的波涛。河岸上有百年老龄疙瘩柳，足有五围粗，那苍老的身姿，映衬着闪闪发光的大河冰水。黄昏时分，将要落山的太阳在冰面上挥洒着金色的光芒。雪中黄河游，令她眼界大开，胸襟涤荡。2008年，她创作了丈二

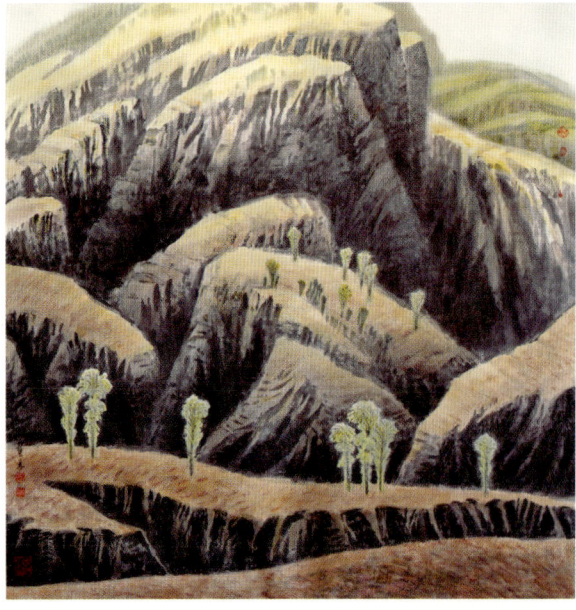

《金土地》（选二）樊林 中国画

《北国风光》,无论在构图气势和绘画语言表达上都提升了一定高度。此作后被人民大会堂收藏。

石涛说:"写画凡未落笔,先以神会。""山川与予神遇而迹化。"从《九曲黄河》《黄河九曲渡万壑》《雪浪》《大河之碑》《金土地》《北国风光》等一系作品的创作过程,可看出樊林"外师造化,中得心源"的轨迹。生活是创作的源泉,尤其是画山水的,必须到大自然中去,这样才会物我交融,与之神遇。

2004年8月,由人民美术出版社主办的"樊林山水画展"在北京国际艺苑举办,同时出版了《樊林画集》,以黄河、黄土地题材为主,有53幅作品参展。展品得到同道和专家称赞。人民美术出版社时任总编辑程大利评价:"笔健墨沉大气磅礴,审美高境矣。"张仁芝评价:"张扬、沉雄大美,从艺执着顽强,写出了黄土高原朴拙美。"

林锴先生喜欢樊林的绘画,认为她的画作浑朴自然,有自己独特的风格,曾数次去樊林的画室,并为她书写四个字"大巧若拙"。

多年不平凡的阅历,使得樊林能够站在更高的艺术山峰上看待绘画,也造就了樊林不拘小节、大气磅礴的画风,尤其是她笔下的以黄土高原和黄河为题材的作品独具风貌。她独辟蹊径,不以巧取胜,不以传统山水画的文人气息为桎梏,甚至以牺牲一些细节为代价,突出表达黄土高原和黄河的自然与崇高。

樊林从艺执着,笔耕不辍,这是我这些年看到的。她曾自治印"白发学童",说明她崇尚的学习精神。孔子说:七十随心所欲而不逾矩,樊林今年80岁,如何达到创作中笔墨语言的自由境界,是她永远的追求。

《朝晖》 樊林 中国画

《华夏摇篮》 樊林 中国画

《黄河西来出昆仑》樊林 中国画

黄河自徙出昆仑

吴传麟

〔中国画画家、编辑家〕

吴传麟 先生

名山峡江入画来

吴传麟

(1939—2007)

山东淄博人，中国画画家、编辑家

字于飞，笔名纪芳，堂号观波楼。1966年毕业于中央工艺美术学院（现为清华大学美术学院）。中国美术家协会理事、中国书法家协会会员、中国工艺美术学会会员；中国美术出版总社编审，曾任人民美术出版社现代美术编辑室副主任。擅长中国画，兼善书法和工艺美术设计。1983年至1993年，在国内举办了六次个人书画展。出版有《吴传麟山水画选》《泉韵——吴传麟中国画作品》《现代书法》《百花图集》《中国当代名家画集·吴传麟》等书籍，作品入编《中国现代美术全集·中国画》。

一

吴传麟 1939 年出生在济南市一个中医家庭，幼时喜爱画画。由于家庭兄弟姊妹多，经济拮据，吴传麟就去理发馆学理发，挣点钱买绘画用具。在艰难的学习环境里，他勤学苦练，并得到山东名家黑伯龙和中学美术老师刘鲁生等先生的指教。

《传宝有序 麟阁垂青》李燕 书法

1961 年，吴传麟考入中央工艺美术学院染织系学习，他向李苦禅、郭味蕖等老前辈学习传统绘画。苦禅先生教导学生："做人要老实，画画不能老实。"这充满哲理的箴言使吴传麟受益一生，激励他在艺术道路上不断创新。郭味蕖先生则强调，学习其他门类的知识也很重要，注意培养综合素质。

苦禅先生把白菜、鱼、鸟等画法手把手地教给了他。俞致贞传授工笔画时强调自然真实。一年冬天，创作要画月季花，当时找不到鲜花，俞先生亲手用纸制作了一朵月季花给他作示范。

毕业后，他被分配到京郊手套厂，在 20 世纪六七十年代的那些岁月中，他每天烧锅炉要铲几吨煤，但仍坚持画画临帖。李苦禅赞赏他的学习精神，点拨他的绘画，将自己多年的绘画经验传授给他，使他的作画水平迅速提高。1965 年，苦禅老人在赠给吴传麟的一幅扇面上题字："年余不动笔，书画一道，几近荒废，捡箱中故扇面，及时促就，以赠传麟弟，藏作纪念，今后老矣，尔将归息也！……"写毕老人感叹地对吴传麟说道："我的艺术有人理解、有人继承，死而无憾了！"

1966年至1976年间，苦禅先生备受折磨，吴传麟始终陪伴在他身边，给了先生很大的精神安慰。"文革"结束后，苦禅先生对家人说："如果没有传麟陪着，不知能否坚持下来。"

二

吴传麟学的是工艺美术，但他对中国传统书画情有独钟。在大学期间，他便悉心研习，遍临名家作品。一次，他到故宫参观绘画馆收藏的古代书画珍品时，被清代画家石涛的一幅水墨荷花吸引住了。其博大精深的艺术境界，震撼了吴传麟先生的心灵。他找来了《石涛画语录》，潜心研读。石涛认为："古人未立法之前，不知古人法何法？古人既立法之后，便不容今人出古法。千百年来，遂使今之人不能出一头地也。师古人之迹而不师古人之心，宜其不能出一头地也。"这种师古不泥古的艺术思想，对吴传麟先生的艺术创作产生了深刻的影响。

"外师造化，中得心源"，是中国画的创作精髓。石涛说"搜尽奇峰打草稿"，也是强调写生的重要。"文革"结束，吴传麟调入人民美术出版社。在编辑组稿之余，他有机会遍览祖国的美丽山川。这期间，他抓紧一切时间在旅途中写生，积累学识。他怀着对艺术、生活的热爱，投入了艺术创作。

山水画是传统中国画中最具挑战性的画种。吴传麟知难而进，他的画作中，特别是他的巨幅之作，生动地展示了泰山、黄山、庐山及江峡一带山水的磅礴气势和旖旎风光。如《观瀑》，整幅画面气势宏大，生机勃勃，气韵流畅。作者恰当地运用笔墨中的浓、淡、虚、实，表现了雨后的飞珠溅玉之状，树木岩石错落有致，疏密得当，描绘了山谷中空旷深远的意境。

他的大幅作品中多是三峡和黄山。《三峡即景》中，悬崖峭壁几乎占满了整个

《观瀑》吴传麟 中国画

《三峡即景》吴传麟 中国画

吴传麟（左）拜访刘开渠先生（右）

画面，岩壁上，点染着杂树丛林，云朵遮掩着几座房舍，岩壁下有待发的船只和片片帆影，这幅画兼工带写，是难得的佳作。《黄山烟云》中，画家则尝试着将墨汁直接泼洒到宣纸上，然后用大笔横扫。画面上云海茫茫，山峰耸峙，体现了黄山云的绝美。

吴传麟在漫游陕北黄土高原期间，完成了数百幅写生稿。回到北京画室创作时，他以自己独特的感受，描绘出高原动人的景色。这些作品生机勃发，有着强烈的个人感受和印记。

吴传麟笔下的江南风光又是一番景象，他以细致入微的笔触，把江南风光描绘得诗意盎然。从这些作品中可以看出作者对祖国山河的炽热情感和其独特的笔墨风格。

吴传麟的花鸟画也有自己的面目。他喜爱画白玉兰、百合花、玉簪花、水仙等，他更爱画白荷。《薰风尽花乡》是他的代表作，以泼墨画荷叶，淡墨线条勾勒荷花，并敷以白粉，衬托出荷花的不染尘俗。他善于将描绘的形象化作自己情操的寄托。

"书至画为高度，画至书为极则。"对画理研究颇深的李苦禅先生有这样的认识。吴传麟深得李苦禅先生的真传，他不但善画，而且善书，他深深理解书法的重要性，

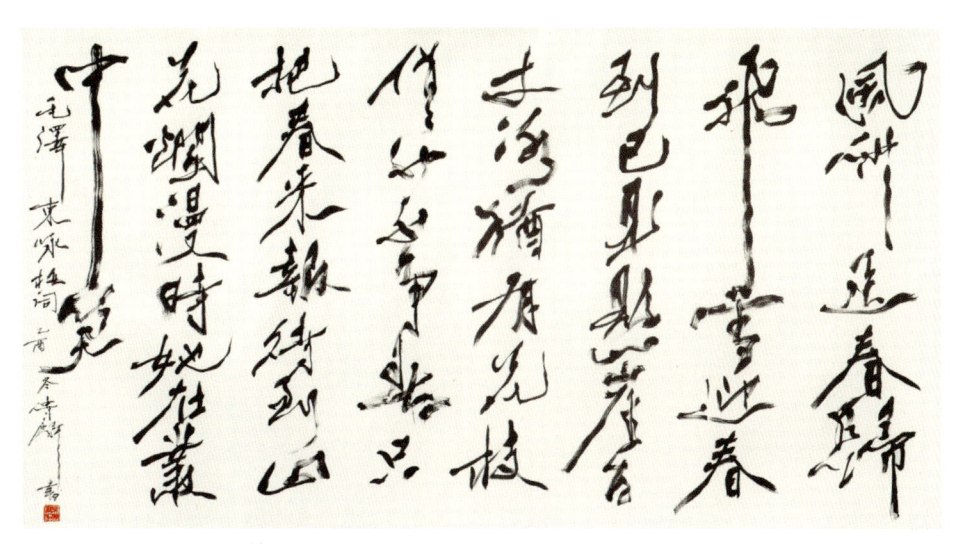

《毛泽东诗词·咏梅》吴传麟 书法

早年就苦练书法。他从"二王"入手，学黄庭坚而又参以篆隶，形成了具有自己独特风格的书风。

吴传麟是编辑，他认为，编辑工作不仅不影响艺术创作，反倒会促进创作。他认为，要提高作品的意境，画家不能封闭在一个艺术小圈子里面孤陋寡闻，要学习各种门类的知识，做到精与博的有机结合。

在从事编辑工作过程中，吴传麟先生广泛接触了雕塑、工艺美术、青铜器等各种门类的艺术形式，这种广泛涉猎使他的艺术观念得到了升华。1981年编辑"中国工艺美术丛书"时，他就得以了解中国少数民族生活习俗、音乐、绘画、图案等具有鲜明特色的民族艺术。之后，他又参与60卷本《中国美术全集》中《民间年画》《原始社会至战国时期雕塑》《元明清雕塑》等卷的编辑工作。古代原始艺术中那种质朴的感情、简洁明了的线条等艺术表现形式，使他再次被中国传统艺术所折服。

因此，吴传麟山水画的风格特点是多变而又统一、博大雄浑而又优美含蓄的。他的创作是从生活中来，从传统中探索而来。但他在绘画技巧上有一些创新，如他以草书笔法画树干、树枝,以散笔浓墨作松针,在色彩上汲取西画的调子来表现感情,他作画任意挥洒而不失法度,博大而精深。

三

1981 年,在李昭女士(胡耀邦同志夫人)的关怀下,时任人民美术出版社社长的邵宇先生将吴传麟调入人民美术出版社画册编辑室工作。吴传麟很珍惜这次机会,并全身心地投入到美术编辑工作之中。第二年,为编辑本社与日本美乃美出版社合作出版的《广东黎族染织刺绣》一书,他赴海南岛组稿数月,并撰写散文《黎家风采》。此书获中国优秀美术图书奖银奖。

《吴传麟山水画选》 　　《百花图集》 　　《泉韵——吴传麟中国画作品》

《百花白描图集》 　　　　　　　《中国当代名家画集——吴传麟》 　　　　《中国当代名家画集选粹·吴传麟》

    吴传麟是人民美术出版社编审，他的职业是编辑，"为他人作嫁衣"。做编辑容易，而要做个优秀的美术编辑却要付出比常人多出几倍的努力。1991年，由吴传麟参与责编的《中国美术全集》在新闻出版署第一届全国优秀美术图书评比中获特别金奖；由他参与编辑的"中国工艺美术丛书""美术百图丛书"等也分别获得新闻出版署国家图书奖荣誉奖。他在职期间编辑出版了大量美术图书，并着重推出新人新作。即使在退休以后，他也仍然积极地为出版社推荐优秀作者，挖掘各类出版题材等，为国家美术事业的发展倾注心血。

    2012年2月，由中共中央宣传部、新闻出版总署联合颁发了荣誉证书，吴传麟即为这份证书的获得者之一。证书上写道，"吴传麟同志：您为《中国美术分类全集》编辑出版做出贡献，特颁此证，以资鼓励"。这份证书是对吴传麟编辑工作的肯定，然而这又是一份迟到的荣誉，因为五年前他就离开了这片他眷恋着的土地。

2007年，吴传麟在北京奥申委艺术经典名人大讲堂讲座

四

吴传麟出版了《吴传麟山水画选》《百花图集》《泉韵——吴传麟中国画作品》等书。中国美术馆分别于1984年和1989年收藏了他的山水画作品《江上春雨》《庐山》《漫天飞雪眩双眸》。人民大会堂、天安门管理处也收藏了他创作的巨幅山水画《忆江南》和《江南诗思入画图》。

1983年至1993年，吴传麟在中国美术馆、中国人民革命军事博物馆、山东省美术馆等先后成功举办了六次个人书画展。1993年4月10日，由人民美术出版社等单位主办的"吴传麟书画展"在中国人民革命军事博物馆开幕，舒同先生亲笔为画展题名，刘开渠先生亲为画展撰写前言。1997年，吴传麟的作品入编《中国现代美术全集·中国画》。

1990年11月20日，中国援藏基金会在吴传麟、崔豫章和著名藏族画家尼玛泽仁的大力倡议下，在人民大会堂成功举办了"援藏捐献书画活动暨笔会"。刘开渠、邵宇、启功、黄胄、关山月、亚明、刘文西等许多全国著名书画家皆慷慨捐赠书画作品以表支持。

《江上春雨》吴传麟 中国画

《薰风尽花乡》吴传麟 中国画

《忆江南》吴传麟 中国画

刘开渠评价吴传麟时说:"吴传麟艺术上的现实主义精神与浪漫主义思想的结合,准确地体现出我们中华民族几千年来的艺术风尚与审美意趣。故此,他的艺术便富有强烈的人民性与民族艺术特色,这种民族艺术特色的存在,进而赢得了世界各国人们的赞赏与瞩目,因此可以说艺术只有具备了自身的民族性才更加具有它的国际性。

不论吴传麟的山水、花鸟画,还是书法作品都给人以清新悦目、爽神怡怀的感染。他尊重传统更热爱生活。他对知识永无止境的探求及对品格修养的不断完善,使他的艺术总是焕发出一种勃勃生机和催人向上的力量。他总是以朴实无华、精炼概括的艺术语言道出深邃的思想和人生的真谛,我想这正是大家崇尚和喜爱他艺术的原因所在。"

我以为,这应当是最中肯,也是最准确的评价。

《庐山》吴传麟 中国画

《漫天飞雪眩双目》 吴传麟 中国画

《江山胜览图》吴传麟 中国画

吴传麟

《松鹤飞瀑图》吴传麟 中国画

吴传麟 143

刘汝阳

〔中国画画家、美术史论家、编辑家〕

刘汝阳 先生

做嫁无悔，笔墨江山

刘汝阳

(1940—)

山东夏津人，中国画画家、美术史论家、编辑家

1965年毕业于中央美术学院美术史系，同年分配到人民美术出版社工作。曾任现代美术编辑室主任，编审。策划、编辑的美术图书有《齐白石绘画精品集》等二百余种。中国美术家协会会员。其作品入选《中国现代美术全集》。作品《朦胧月》《小巷春光》等被中国美术馆收藏。出版有《刘汝阳画集》《刘汝阳中国画作品》等画册，享受国务院特殊津贴。

一

刘汝阳，1940年生于山东夏津地藏寺。夏津地处鲁西北平原，因"齐晋会盟之要津"而得名。夏津人素有"燕赵之风"，民俗文化具有粗犷豪放的特色。

刘汝阳祖父曾任县农业专科学校校长。父亲毕业于北京大学土木工程专业，因在工人识字班宣传民主进步，曾被关进监狱。1948年，在石家庄参加革命，后在铁道部离休。外祖父是教书先生，擅长书法。幼时，刘汝阳随外祖父学文化，学写大字。母亲擅长剪纸、刺绣。刘汝阳从小在北方农村长大，幼时对农村的剪纸、泥玩、花灯、鞭炮、高跷、狮子舞、旱船、戏曲等民间艺术非常感兴趣。夏津剪纸剪法粗犷，内容多样，"连年有余""吉祥如意""松鹤延年"等深受群众喜爱。刘汝阳对泥玩具特别有兴趣，也学着捏泥人。家里给他做了一个带木框的小石板，可以在上面任意画画。幼时的记忆奠定了刘汝阳日后从事美术工作的基础。

1949年，刘汝阳随家人到了北京，住在东受禄街，进入北京第一铁路职工小学读书。学校就在徐悲鸿家附近。他的小学老师经常向他们提起大画家徐悲鸿和他的作品。一次，在街上远远看见了一个人，老师告诉他们，那就是徐悲鸿。徐悲鸿去世后，他的家改为故居，刘汝阳常和同学一起进去玩，在廊子里打乒乓球，也拿着小本子临习陈列室的作品。在陈列室里，他还看到刘勃舒给徐悲鸿写的信，以及徐悲鸿的回信。多年后，他向徐悲鸿夫人廖静文和徐悲鸿的学生刘勃舒提起此事，也成一段美谈。徐悲鸿纪念馆建立后，刘汝阳在学校老师带领下，与同学一起，参加青少年美术活动,去徐悲鸿纪念馆参观临摹。那时的他，喜欢看小人书，刘继卣先生画的《鸡毛信》《东郭先生》，让他爱不释手。他还迷上了《连环画报》，每期必读。

1955年，刘汝阳进入铁路职工子弟第一中学，参加了美术组，他跟着美术组到公园等地方写生，参加展览，帮助老师画课堂挂图。

1958年，刘汝阳进入北京第40中学。这个学校原是教会学校，非常重视艺术

刘汝阳（左）与吴作人先生（右）　　刘汝阳（右）与吴作人先生（左）

教育。艺术氛围相当浓厚，刘汝阳在校期间，画过壁画、版画、速写等，尤其喜爱古元的版画，并对水彩画和版画产生了浓厚的兴趣。他的作品受到大家的赞扬，还被选为北京市少年先锋队代表，到山东威海等地慰问解放军。

1960年，刘汝阳计划考中央美术学院版画系，这是受到古元的影响。参加口试时，考官问是否服从分配，刘汝阳说，只要是中央美术学院，都可以。刘汝阳考入中央美术学院后，被分配到美术史系。

当年，金维诺先生任美术史系主任，李松先生任班主任。教师的阵容非常强大：王逊、金维诺先生讲授中国美术史和书画著录，刘凌沧先生教授中国画，韦启美先生教素描。学校还从中国社会科学院近代史研究所请来刘桂五先生讲授中国历史，文怀沙、冯其庸先生教文学，北京大学历史系考古教研室几乎全班人马，讲授中国考古学和古代建筑。不仅如此，金维诺先生还千方百计请来了社会上的权威学者来校开专题讲座。这些人有贾兰坡、张珩、徐邦达、曾昭燏、启功等先生。直至今日，这份教师名单也是极有分量的了。

在毕业前实习时，他被分配到人民美术出版社连环画编辑室实习，年轻的刘汝阳见到了仰慕已久的刘继卣先生，亲耳听刘继卣先生讲述是如何创作《鸡毛信》和《东郭先生》的过程，他甚至怀疑自己是在梦中。

刘汝阳（右）与李可染先生（左）　　　刘汝阳（右）与邹佩珠先生（左）

二

1965年，刘汝阳从中央美术学院毕业后，被分配到了人民美术出版社工作，在北总布胡同32号，这座充满书香的院子里，开始了他的编辑生涯。

刘汝阳从整理回复读者来信入手，做到助理编辑、编辑、编审。他推开的每一扇门，遇见的都是温文尔雅、学问深厚的同行，还碰到了他少年时代的偶像刘继卣。他把临摹《鸡毛信》的往事跟刘继卣提起，先生听了大笑，他们很快成了忘年交。

回忆起在北总布胡同32号的日子里，他说："我曾为一本画册去请萨空了老社长写序，我跟刘近村先生去河南参加'四清'运动，随秦岭云先生到农村写生，同许麟庐先生一起放鸭子，与邵宇先生一起打篮球，还跟邹雅先生学做笔筒。"

他讲的一段生活，并不都在北总布胡同32号。他到人民美术出版社不久，"文革"开始。1970年，他被下放到湖北咸宁文化部五七干校25连。五七干校受武汉军区领导，按连队编制，实行半军事化管理。25连集中了人民美术出版社、人民美术出版社印刷厂、荣宝斋和版本图书馆的人员。

当年，刘汝阳还是小伙子，干的都是力气活。开始是围湖造田烧砖盖房子，后来是下湖犁地、平地、种稻子等。

1971年，形势逐渐有了变化，他们也可以画画了。刘汝阳重新拿起笔，画渔村、渔民、水牛、鳜鱼及连队生活，还参加了干校美术展览。

在我印象中，他的乒乓球打得最好，不仅在全连，在全干校也是绰绰有名的。

三

为了解刘汝阳编辑图书的情况，我调阅了刘汝阳编辑过的部分图书，资料室的同志推着小车大概送过三次书，这还是一部分。在我写过的人民美术出版社老艺术家中，看到老编辑责编这么多的书，还是第一次。

刘汝阳（左）与
关山月先生（右）

刘汝阳从事编辑一辈子，前后共35年，编辑美术图书有《齐白石绘画精品集》《李可染画辑》《王式廓画集》《刘文西画选》《胡佩衡画集》《刘继卣人物画像》等二百余种。其中被美术界誉为大红袍的"中国近现代名家画集"，他编辑过其中的《吴作人》《关山月》《白雪石》《黄秋园》等画册。他是《中国现代美术全集中国画·人物卷》副主编，责编的画册《齐白石绘画精品集》在1992年新闻出版署第一届全国优秀图书评奖中获银奖。

仅从书籍的面貌看，很难看出编辑在图书中的付出，而这些画册的编辑出版，除了有坚实的专业基础，还要有过人的眼光等。

专业知识的深厚，我们从表象看，只能看到冰山极小的一角，而更多的专业训练和一辈子的学习是在水平面之下。比如，前些时，我在审稿中，看到文章中提到"张书旂"，作者写成"张书旗"，"旗"与"旂"在姓名中不可混用。如果是其他出版社出版，有这个错误，因为专业问题似可容忍。而作为国家级美术出版社，出现这样专业错误，不可容忍。我在欣赏刘汝阳编辑的图书中，没有发现这类问题。书编得中规中矩，这在出版领域也是极高的追求。

刘汝阳曾充满激情地回忆当年沈鹏先生是如何引导他做编辑工作的。"我到人美编辑的第一本书是随沈先生步行去人民日报社，挑选合适的速写作品结集成书。沈先生介绍我认识了美术组的赵志方、马克等同志后，就开始认真地从一大堆稿件中选稿。先生的眼光精准，思维清晰，一边挑，一边耐心地从政治和艺术两方面告诉我选稿的标准；稿件定下后，他又轻声慢语地教我怎么安排版面，画版式，并随手用铅笔题写了书名。那种对青年编辑的殷殷关爱之情，至今仍旧历历在目。后来，我在人美写的第一篇评论文章、为画册写的第一篇前言也都是在沈先生的帮助下，手把手，一字一句地修改，大段大段地加工下完成的，许多精彩的语言都是沈先生写的。"

我问刘汝阳，35年的职业生涯，你认为一个合格的美术编辑最重要的品质是什

刘汝阳 153

《刘继卣人物画像》

《齐白石绘画精品集》

中国近现代名家画家"大红袍"系列之《吴作人》《关山月》《白雪石》

《中国现代美术全集·中国画·人物卷》

中国近现代名家画家"大红袍"系列之《黄秋园》及内页

么？他想了一会儿，说："可能是一个海纳百川、兼收并蓄的心胸吧。每个人经历不同，审美不同，但当了编辑，绝不能以一己偏私作为选稿标准，牢记参差多态乃艺术之本源。尊重老画家，尊重传统也拥抱西方艺术，对不同风格不同流派都持包容态度，给他们空间，让他们展示；尊重声名显赫的艺术家，对来自全国各地的业余画家同样做到一视同仁，尽己所能地帮助每一个人。"

在刘汝阳编辑过的图书中，《吴冠中画选》让他印象深刻。1978年，人们的思想还是没有更大的解放。人民美术出版社在图书选题方面如何突破是个难题。刘汝阳在出版社一次偶遇吴冠中先生，吴冠中提起自己新画了许多画，问能否选一选，出本小册子，并邀他去家里看看。刘汝阳如约来到吴先生住处，屋子很小，简陋朴素。当吴冠中先生把几十幅油画、彩墨画一一摊开时，刘汝阳被眼前的画作惊住了，他说："别选了，让我都拉走吧，先拍片子再说！"

回到社里，刘汝阳请示时任编辑室主任的陈允鹤，陈允鹤看过作品后，立即签

刘汝阳(左)与吴冠中先生(右)

字去拍摄。拍摄的时候，引来许多编辑观看，大家一边欣赏一边赞美。要知道，当年的吴先生是"腐朽的西方形式主义在中国的代表人物"。放在几年前，出版这样的书是有极大政治风险的。此时，能否有突破，对编辑、对出版社都是考验。

不久，一本薄薄的、16开本、骑马订的《吴冠中画选》出版，印数一版一次70000册。以后的若干年里，吴冠中只要见到刘汝阳，总会提起这本书，他多次对刘汝阳说，这本画册对他太重要了，因为这是"文革"后他的第一本画册，又是人民美术出版社这样的国家级专业美术出版社出版，其意义远大于画册本身。人民美术出版社的金字招牌，正是由刘汝阳等优秀编辑铸成。

刘汝阳又谈到他编辑的另一本画册《黄秋园画集》。他回忆说："1986年，中国美术馆的一次展览搅动了整个中国书画界。展览馆人山人海，各路专家大师们站在一幅幅画前呆若木鸡，被震得说不出话来。恩师李可染先生连着去看了两次，留下了一句'国有颜回而不知，深以为耻'。这个名不见经传的画家就是黄秋园先生。我也去看过展览，为了让社会上尽快认识和了解黄先生的艺术，我们首先出版了一套活页的《黄秋园画辑》，专家撰文，李可染先生题字，价格便宜又适于初学者临摹，出版后受到好评。但我一直还念着给他出画集和技法书。后来，我约了同事去江西南昌，开始画集的组稿与编辑工作。谁知到了黄秋园的家里，他的老伴因种种顾虑，不肯出示他的作品，也坚决不让我们拍照。磨了几天，还是黄秋园的儿子最后给了我们一些已经拍好的反转片。回到北京，多方打探，先辗转从朋友那里搜集了不少照片，后来我们又请中国美术馆、中央美术学院等单位协助我们拍摄了他们的藏品，135幅作品就是这样一页页凑出来的。最终，进入'大红袍'系列的《黄秋园画集》出版了。为画家出画册，本来是比较简单的工作，而这本画册，跑路长，磨难多，时间久，但能让黄秋园先生的遗作精品印制成册，永留人间，我还是感到很欣慰。"

刘汝阳几乎在人美社每个编辑室都工作过，后来担任现代美术编辑室主任。回忆在人民美术出版社为人作嫁，他深有感触地说："我认为，所谓'人美的品格'，一定首先是人美人的品格,是从萨空了、朱丹、邹雅、邵宇、沈鹏到古元、曹辛之、卢光照、刘继卣、任率英、王叔晖等一大批德艺双馨的大家的品格;是所有孤灯下认真选稿、看稿,为一个词、一幅画、一张照片、一页拓片,不惜穷尽心血,找作者、查资料、跑外地,山高水远也要力求出精品的老人美编辑们的品格;是在没有先进的印刷设备下,几十次地去故宫,克服一切困难,把深藏千年的优秀古代作品,一段段拍摄,一段段拼接,用珂罗版的方式,使《清明上河图》《五牛图》等一大批珍贵文物从宫廷走向民间的老人美出版人的品格……"

四

在刘汝阳艺术创作的道路上,对他帮助最大的是李可染。刘汝阳在中央美术学院美术史系学习期间,常去中国画系看画,与李可染先生有许多接触。李可染带山水画科的同学去颐和园上写生课,他也曾去颐和园,在李先生教写生的地点写生,一画就是几天。

1972年,刘汝阳从五七干校调回北京。他急切地感到,要去拜访李可染、李苦禅等老师,抓紧时间向他们求教。李可染看了他的画作后,鼓励他说:"我建议你最好抓个重点,你的山水画还是有功底的,还是跟我画山水画吧。特别是像你这样做编辑工作的,画画的时间少,就应在一点上搞深入、求突破,这样对艺术创作有好处。"李可染一番教导,使得刘汝阳茅塞顿开。他明确了艺术努力的方向,选择了山水画创作的道路。

李可染曾有"用最大的功力打进去,用最大的勇气打出来"的变革思想,写下"可贵者胆、所要者魂""废画三千"等格言。是"苦学"治艺的典型。这点似乎符合刘汝阳的性格。李可染曾对他说:"你这人老实,干事很认真、很严肃,这些都

刘汝阳 157

《朦胧月》刘汝阳 中国画

《石林》刘汝阳 中国画

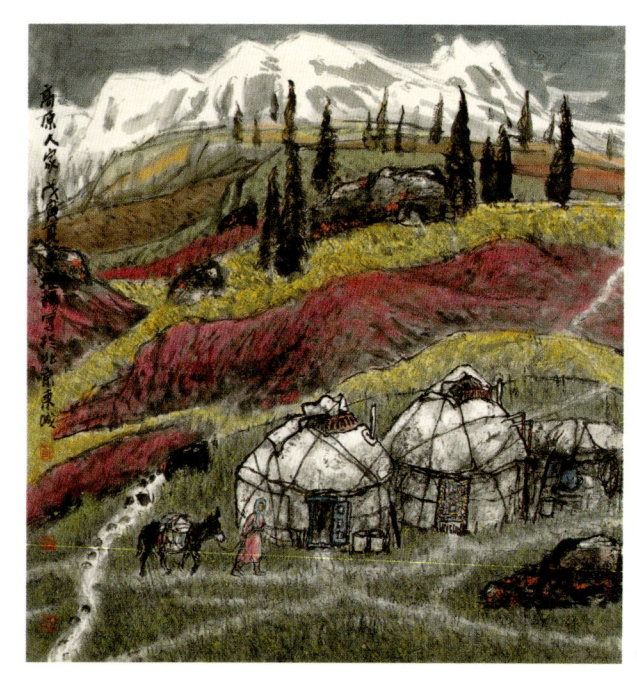

《高原人家》刘汝阳 中国画

《江帆竞发》刘汝阳 中国画

是非常好的。做人就要老实，画画也要老实，要扎扎实实地做，一步一个脚印地做。研究学问，要用猛火煮，微火煨。步行十万里，终点一瞬间，唐僧千磨难，取得真经还。学画没有别的捷径，根本的就是苦学。"

刘汝阳曾画过大量的关于漓江题材的作品，每次，他拿给李可染先生时，李可染先生会"从作品的整体效果、意境的表现，从构图到用笔用墨，从色彩到光影，哪怕是一块石头、一个树叶、一条小溪，都很细心地指出来，让你去体会"。

有时刘汝阳问李可染先生："一张画有的地方满意，有的地方不很成功，留着有缺憾，弃之又不惜，怎么办。"李先生说："有的画不是不好，实际是没画完，你要耐心地画下去，有不满意的地方没法改，你就把它挖去，再补上，重新画，这样托裱出来，自然也是一个整体，不影响效果，我的画有时也补过，而且不止一处。画面上留白的就要留住，不需要留白的，哪怕针眼大的点也要去掉。"李可染用自己高尚的品格精神激励着刘汝阳。

1984年，中国美术家协会准备吸收刘汝阳为会员，需要两个介绍人，刘汝阳请的一位是社里的画家刘继卣，一位是李可染先生。李可染风趣地说："有我和刘继卣做介绍人，已经够标准的了，加入协会以后可以多参加美协的活动了，对你进一步提高会有很大帮助的。"这些事，让刘汝阳记忆犹新。

五

刘汝阳不仅是编辑家、美术史论家，同时也是著名的画家。

刘汝阳在中央美术学院学习时，学的是美术史论。他曾拿着自己的速写向李可染请教。李可染说："画画对学美术史有好处，多画。"从此，刘汝阳除了认真学习美术史论，再也没有放下画画。他认真临摹敦煌、永乐宫、法海寺等著名壁画，遍

《漓江春图》刘汝阳 中国画

临历代山水画。这些学习为他日后的山水画创作打下了坚实的基础。

在干校后期，刘汝阳开始山水画的写生和创作。

回到北京，主要从事编辑工作。当时，人民美术出版社成立的创作室，一些画家专职从事美术创作，年轻的如徐希、张广、石虎等人。刘汝阳主要工作是编辑，但他没有放弃美术创作，而且带着更大的激情去创作，他在20世纪80年代，曾画过一批关于桂林山水的作品。1981年，他的中国画《漓江雨》参加中国画研究院画展，并被收藏。以《漓江雨》为代表的一系列漓江题材的画作被世人关注，漓江成为刘汝阳的一个符号。

由于编辑工作的缘故，刘汝阳有机会游览祖国的山山水水，他曾到过漓江，被漓江的风光深深打动。漓江，徐悲鸿、李可染画过，白雪石、徐希也画过，如何创作有自己绘画语言的漓江是个难题。

刘汝阳用青绿山水的技法表现，运用石绿特殊的色彩，表现漓江春天的山色，用不同的墨色渲染漓江的水色。既有北方的雄阔，又有南方的灵秀。刘汝阳用墨色写意漓江山水的光影变化，在众多前辈"漓江作品"中，仍能够有自己独特的创作风格。他的山水画作品被收入《中国现代美术全集》。

2001年，"刘汝阳画展"在北京国际艺苑美术馆展出，沈鹏先生、白雪石先生、廖静文女士挥毫祝贺。

这个画展，我去看了。当时很强烈的印象是，他不再以漓江为主要题材，而是开拓了更广阔的内容。有北方的山林，有山中的农家。他的描绘对象以云、石、林、泉为主，密林或愈密，虚白中更疏虚。阔笔长笺，主要描绘的是北方的山川密林，尤其是秋景，使人印象深刻。

进入21世纪后，刘汝阳的作品更注重内涵和笔墨趣味。像《麦积山石窟》《云冈石窟》《大足石窟图》等系列作品，印迹斑驳，内涵深厚，将佛教的历史感和厚重感表现出来，令人颇为震撼。

《麦积山石窟》刘汝阳 中国画

《云冈石窟》刘汝阳 中国画

与"漓江系列"遥相呼应的是"北方系列"。刘汝阳退休之后,画的这些山水画,一张比一张黑,一张比一张雄浑。他不停地挖,不停地补,每次画画都是一次新的创作。他沉浸其间,乐此不疲。

而《花间小屋》《早春》《高原人家》等作品,更生活化一些。房屋表现得更为大些,仿佛就在眼前,生活气息油然而生。用笔取沉雄朴拙一路,水墨淋漓,气象万千。在墨色不断地晕染中,尤为注意光影的变化。像《长城新绿》《长城清秋》《江帆竞发图》等,有明显的光影表达。下笔更为坚实有力,书法的厚重在中国画中表现得从容不迫,淋漓尽致。像《明月松间照》《石林》《黄山秋》等等作品,都有这样的特点。

刘汝阳一生都在殚精竭虑地为他人编画册,为人作嫁。他在帮作者出版,他在为人民美术出版社增光添彩。

几年前的一个春节,我去看望他,希望他出版一本《中国近现代名家画集·刘汝阳》,也是他一直编辑的"大红袍",他总以作品不够为由推脱。想来,今天的作品一定更精彩了,期望它能早日面世。

如今,刘汝阳退休多年,他写生、旅游、画画、临帖、打乒乓球,生活很有规律。他与退休的老画家们组织了"九九画会",常坐在一起喝茶看画,做自己喜欢的事情。祝愿刘汝阳先生在新的时代,依旧不停地探索和思考,为我们奉献出更多的新作。艺术生命长青。

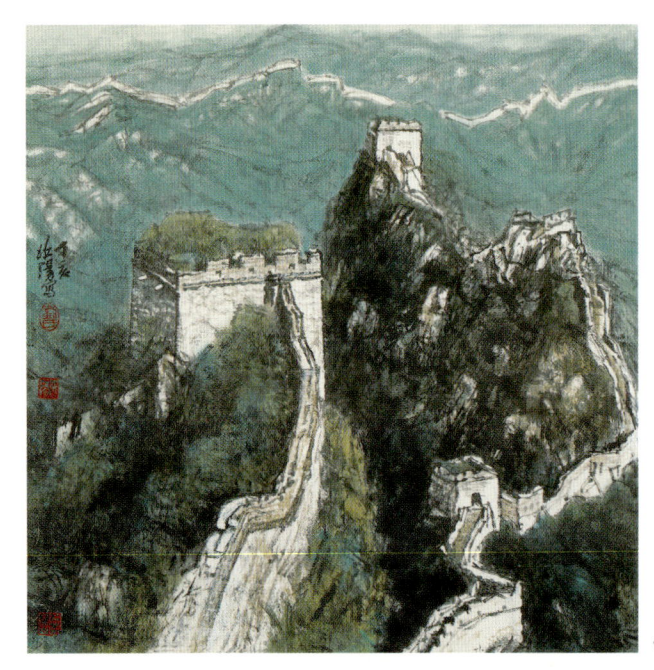

《长城新绿》刘汝阳 中国画

《长城清秋》刘汝阳 中国画

《花间小屋》刘汝阳 中国画

《明月松间照》刘汝阳 中国画

《大足石窟图》刘汝阳 中国画

刘汝阳　167

张广

〔中国画画家〕

张广先生

熔炼艺术与生活

张　广
(1941—)
河北乐亭人,中国画画家

生于吉林省长春市。中国画画家,人民美术出版社专业画家,国家一级美术师。1965年毕业于中央美术学院国画系,蒋兆和教授入室弟子,专攻写实人物画,并得到叶浅予等教授的指导。擅长人物、动物、山水,尤擅画牛和马。中国美术家协会会员,享受国务院特殊津贴。代表作品有《踏清秋》《高原花朵》《黄河源头牧牛人》《拓片火鸡图》及马的系列画。作品入选《中国美术全集》现代卷、《百年中国画集》;出版有《张广画选》《张广画集》《张广画牛》《百牛图》等多种画册和专集。

一

张广，1941年12月出生于吉林省长春市。祖籍河北省乐亭县。祖父从河北乐亭闯关东，到东北长春谋生。父亲十几岁开始学徒，后经商。1949年后，父亲一人工作要养活五个子女，生活艰辛。

张广自幼喜爱绘画，上小学时，在东北男孩子游戏"煽啪叽"的画片中，看到《西游记》《封神榜》《水浒传》中的很多人物。这些人物深深地吸引了张广，他用粉笔画这些人物。于是，这些人物便涂鸦在墙上、地上。小学时，张广由于喜爱画画，一个人包揽了班里的黑板报。13岁时，张广在长春第八中学读初中，开始自学中国画和水彩画，由于他画得好，老师请他画一些教学辅助挂图。

1957年，张广到长春市第一实验中学读高中。当时正值"大跃进"人民公社时期，他曾独立完成《瑞雪兆丰年》的创作，这幅作品参加长春市业余美术展览并获奖。后来，他有机会看到齐白石、黄胄、徐悲鸿的画，对绘画的兴趣更加强烈了，常常临摹并做各种尝试。他曾画过一张画，送去展览。画的内容是一辆马车拉粪，一群小孩跟在后面拾粪的场景，那幅画获得老师和同学的赞扬。他渐渐在心中立下了学习中国画的志向。

1960年，19岁的张广如愿以偿地考入中央美术学院国画系，后进入人物科——蒋兆和画室，专攻写意人物画。在几年的大学生活里，他珍惜来之不易的学习机会，如饥似渴地学习，为以后的创作打下了坚实的基础。蒋兆和、李可染、李苦禅等都是美术界大师级的画家，他们的指导影响了张广一生，其中蒋兆和对他的影响最大。蒋兆和是中国水墨人物画的奠基者，在教学中，他有一套完整的体系。张广回忆说："蒋先生每星期来画室一两次，给同学作范画。我印象最深的一次，画一个坐着的藏族老人全身像，不用起稿放笔直取。从眼睛画起，四个小时轻松完成，没做任何改动，用笔用墨生动沉稳，无可挑剔。"

《踏青秋》 张广 中国画

《高原花朵》 张广 中国画

蒋兆和等先生诲人不倦和视艺术为生命的精神，不仅让张广学到了人物画的造型基础，而且学到了为艺、为学、为人的道理。

二

1965年，张广以优异的成绩毕业于中央美术学院，分配到人民美术出版社连环画编辑室创作组。当年，人民美术出版社与中央美术学院、北京画院（原北京中国画院），都是最好的美术工作单位，这让他兴奋不已。

当时的创作组，人才济济。刘继卣、王叔晖、任率英等老先生，都是国内著名的连环画家。在这里，张广本可以学到许多东西，可惜，没过多久，运动来了。

1970年，张广被下放到湖北咸宁文化部五七干校，每日到向阳湖参加劳动。人民美术出版社所在25连，有三头牛，交给西野和张广放养。西野是著名美术家，也是抗战老战士，1936年，"双十二事变"后在西北各界救国联合会做美术工作。1958年调入人民美术出版社，中国美术家协会第一届常务理事。我不止一次听到张广谈到西野的创作。2018年，人民美术出版社出版了《西野画集》。

牛棚在向阳湖，远离25连驻地。寂寞，整日和臭味熏天的水牛生活在一起，似乎是一种惩戒，但随着时间的推移，他和水牛反而产生了感情。

在湖北的沼泽地中围湖造田，传统的卡车、拖拉机不顶用，经常陷在泥潭中。干校的同志用卡车、拖拉机换当地的水牛。水牛耕地、耙地来去自如，不惜力，是农民的好帮手。张广带着水牛劳作，带着水牛吃草，给水牛洗澡。

水牛是有情感的动物，那时我们经常爬到它的身上，骑上一段。有时，从它的头前面蹬着两角之间上去；有时，从侧面脚蹬它的头翻上去。有的同学从前面没蹬上去，摔了仰八叉，水牛也不会攻击你。我曾经看过当地人杀水牛。将它牵到树林中，

《补网图》张广 中国画

《火把节》张广 中国画

《牛》（选二）张广 速写

绊住牛腿，捆在大树上。水牛知道大限已到，流下眼泪。

在干校期间，许多老画家已经彻底放下画笔、画板。而我看见年轻的张广和徐希等人，重新操起画笔。他们在自己建造的干打垒房子外墙上画宣传画，引来老画家和同事品头论足。

印象中，徐希画了大量连队里狗的速写，而张广画了几百张牛的速写。这对于以后张广以画牛名世，有着天然本质的联系。

三

1972年，张广从五七干校回到人民美术出版社，在编辑室从事年画创作及编辑工作。

当时，在人民美术出版社工作的编辑，许多是学美术出身的。一旦有创作任务，比如形势需要，要画一些年画、宣传画，就让编辑们创作。

这一期间，张广完成了一些出版社交给的创作任务。《虎头山上机声隆》《朱德在井冈山》等条屏年画，就是在这个时候创作并出版发行。1977年，张广创作的《迎风飞燕》《虎头山上机声隆》参加全国美展。

《猪市》张广 中国画

  1978年,张广调入人民美术出版社创作室,成为专业画家,这几乎是所有画家梦寐以求的工作。

  人民美术出版社成立几十年间,有若干个创作室,基本上是按"前店后厂"的市场需要成立的。比如人民美术出版社曾大量出版年画、连环画、宣传画。这类出版物在改革开放前多是为配合党和政府的政策方针而出版的,时间紧、任务重、要求的质量高,出版社如果约作者绘制,在时间上没有保证。于是,出版社建立创作室,在全国范围内物色优秀的画家,尤其是人物画画家。

  改革开放后,社会有所变化,为政治服务的色彩减少了,像临时赶任务一样的出版也少了。而随着对外开放,我们和国外的联系多了。20世纪70年代中期,人民美术出版社与日本讲谈社合作出版《中国的旅行》。讲谈社送我们面包车、电子产品,在国际交往中,我们往往拿不出对等的礼品。社长邵宇成立这个创作室想法

《黄河牧牛人》张广 中国画

估计有多种，比如，将一些作品送给国际友人，作为交往的手段。再比如，在北京，北京画院是搞创作的重要美术机构，他也想在这方面有所作为。事实上，创作室的创作也达到了这个目的。当年创作室集中了很多画家，老一代的如王角、林锴，中年的有徐希、张广、石虎、姚奎等十几人，创作力量相当强。这些画家有编辑的背景，他们不会画纯抽象画，也决不满足于某个画派，每个人都在极力创作出自己的面貌，形成个人符号。

这段时间，张广的绘画突飞猛进。他先后到全国各地写生，浙江、广东、广西、福建、西藏、内蒙古、甘肃、新疆等地，都留下他写生的背影。1979年，参加中央慰问团中国文联采访组，赴广西边陲慰问部队官兵，为战斗英雄画像。

1980年，张广与创作室的同人赴西藏拉萨、当雄等地写生。其作品《归牧图》获得北京市美术作品创作一等奖，《高原花朵》获北京市美术创作二等奖，同年这

全家合影

件作品还参加了全国美展。此画是他在创作室最早的人物画创作，开启了水墨人物画的探索和创新。

1983 年，他创作《黄河源头牧牛人》《捻羊毛的藏女》等一批人物画，确定了自己的画风。1984 年，创作《风生万马图》，开始了马的题材的创新探索。1985 年，创作《百牛图》，并出版《百牛图》手卷。

四

张广画过黄牛、牦牛，但他画的最多的，也最具代表性的还是水牛。

许多画家都画过水牛，给我们印象最深的还是李可染笔下牧童吹着竹笛骑着的水牛。李可染著名的作品是红山水、黑山水，另外常见的题材是牛。他画的牛极富情趣，画的是高度概括的水牛。他笔下的水牛图是充满田园风情的牧歌。

《五牛图》张广 中国画

  张广画的牛似乎更生活化,更接地气,仿佛是我们刚刚看见的牛。在向阳湖劳作,牛就在我们身边,耕地、耙地,它身上的泥浆,经常甩到我们身上,我们也从不在意。没有它,我们的劳作更辛苦。

  郑板桥在画竹题记中说:"江馆清秋,晨起看竹,烟光日影露气,皆浮动于疏枝密叶之间。胸中勃勃遂有画意。其实胸中之竹,并不是眼中之竹也。因而磨墨展纸,落笔倏作变相,手中之竹又不是胸中之竹也。总之,意在笔先者,定则也;趣在法外者,化机也。独画云乎哉!"

  胸中之竹,不是眼中之竹也。手中之竹,不是胸中之竹也。意在笔先,趣在法外。

  我们听一些曾在内蒙古生活过的人唱蒙古族歌曲,都是自然流淌。我们经常感叹,那是大自然的天籁。没有在那里生活过,很难模仿,人家是天然的,不用模仿。

  张广笔下的牛也是一样,没有常年生活的经历,画不出这样的牛。

《牧乐》张广 中国画

《红衣女娃》张广 中国画

那时，我们整日和牛一起，在污泥中摸爬滚打，污泥浸进指甲盖里，几个月都去不掉，更不要说那难闻的味道。从干校回京，好几个月，同学都认为我身上有一股难闻的味道。也正是因为这个原因，每当我看到张广笔下的水牛，仿佛呼吸到了当年真实的生活气息。

张广笔下的水牛是我们认识的水牛，是真实的水牛，不是那种高度概括的以某种个性线条表现的牛，他画的是一个时代。

张广用笔拙重、老辣，线条力透纸背。许多画家常有戏笔，作茶余饭后的谈资。我很少看到张广的戏笔，他对待画作，一笔一笔，都是认真的。他行笔慢，追求笔墨的金石味。在人民美术出版社创作室年轻一代中，张广的作品最能体现中国画传统笔墨。

从某种意义上看，说张广擅长画牛，不如说张广身上有牛一样的韧性，牛的不擅张扬，牛的吃苦耐劳……天天吃草，酝酿、化作无穷的强大力量。

牛是张广的绘画符号，牛是张广的标志，牛是张广生命中的一部分。

2000年，张广的作品《黄河源头牧牛人》入选由文化部、中国美术家协会（以下简称中国美协）举办的"百年中国画展"，并入选人民美术出版社出版的《百年中国画集》。

如果从世界艺术的角度看，张广画的马也许成就更大。相比张广画的生活化的水牛，他的"马系列""火鸡系列"追求的是更单纯的艺术性。

张广不满足于常规的牛，他在画马的技法上寻求新的突破。他一改中国画注重线条的传统，独自向现代派风格迈进：用不同于前人的视角，不同于前人的笔墨，将马抽象，提炼出一种风格化的语言，将马符号化。尤其是马的红眼睛，既有表现手法的突破，又有生活的感悟，这种国际化的绘画语言，张广运用得得心应手。

张广画马得到了业界和市场的认同，同时也影响到画坛，是中国画现代探索的一种代表。

《秋夜》张广 中国画

《中秋图》张广 中国画

《火鸡图》张广 中国画

张广说："我画马，从80年代到甘南、新疆、内蒙古写生，研究过河曲马、伊犁天马还有蒙古马。画过一张大的作品《踏青秋》，得到好评，但我并不满足单纯写实。在草原，群马在漆黑的夜晚奔驰可以准确到达目标，人们却在黑夜里很容易迷失方向。牧民们告诉我，马的眼睛是夜明珠，由此对马的眼睛有了全新的认识。在我的作品里，对马的造型进行分解、概括、简化，特别用红黄蓝等五色点缀马的眼睛。唐朝诗人李贺诗云'欲求千里脚，先采眼神光'……我心之马与古人不谋而合。"

张广关于"马"的题材，参加各种大展并获过不少奖。作品《群马》参加中国美协和中国画研究院举办的"北京国际水墨画展"并获得优秀奖，作品《五马图》入选"第七届全国美展"，《四马图》获得"中日现代水墨画大展"优秀奖。

张广还善画火鸡，其作品《火鸡图》获中国美协举办的"中华杯大奖赛"银奖。他借鸡发挥，研习笔墨探索形式美感几十年，锲而不舍。

《出行图》张广 中国画

五

2015年6月,由中国美术家协会、中央美术学院和人民美术出版社共同举办的"张广中国画展——永远的牧歌"在中国美术馆开幕。共展出张广先生不同时期的代表作一百五十余幅,展现张广在中国画创作上几十年的探索过程。

张广自己总结:"一个好的艺术家观察事物总是能发现美感,有与众不同的感受。下笔时就会有新的表现、新的面貌。如果千篇一律、一成不变地重复着前人的感受,你的画一定是平庸的。我已年过古稀,一生全力画画,废画三千,废纸山叠,不如意者十有八九,那剩下的一二可谓成绩。看来一辈子能做好一件事就很不容易了。一生能做自己喜欢的事业是最幸福的。做喜欢的事业要靠自己去追求。要去创造必备的条件,排除各种干扰和诱惑,才能如愿以偿。"

时光不负有心人,正是张广数十年的不懈坚持,才有了他今天的辉煌成绩,能够站在当今画坛,发出响亮的声音。祝愿张广先生在艺术道路上继续前行,创作出更多更好的作品,奉献给时代,奉献给人民。

《牧驼姑娘》张广 中国画

《二驼行》 张广 中国画

《岁月》张广 中国画

《飞雪牧驼》 张广 中国画

韩亚洲

〔连环画画家、油画家、中国画画家、编辑家〕

韩亚洲 先生

执着坚守，更新笔墨

韩亚洲

(1941—)

河北遵化人，连环画画家、油画家、中国画画家、编辑家

1960年毕业于中央美术学院附中，后在北京艺术学院、中央美术学院学习。历任人民美术出版社美术编辑、编审。编辑《清宫演义》（三卷）获第四届全国连环画套书三等奖、第一届全国优秀美术图书铜奖；编辑出版《水浒》《西游记》《保卫延安》《东周列国故事》《祖冲之》《从乞丐到皇帝》《春秋霸主齐桓公》等。连环画作品有《古代神话传说》《西游记》《快活林》等。

韩亚洲是人民美术出版社的老编辑，大半辈子在人民美术出版社编书，他编的书许多至今还在卖。什么是编辑的职业理想？什么让编辑感到欣慰呢？那就是希望自己编的书，能比自己更长久地存世。

而他画画的乐趣，恐怕要伴随他的一生了。

一

韩亚洲的家乡在河北遵化马兰峪镇，三面环山，东西有两条河环绕，并流经镇中。镇西为清东陵，镇大街是清帝每年祭扫陵墓必经之路。镇上有自己的剧团，京剧、评剧、各种梆子剧种繁多，还有外来的马戏、皮影戏。每到农闲、年节、庙会，春联、年画、兔爷、泥饽饽各种民间艺术荟萃。韩亚洲回忆自己年幼的时候，每到新年，家里总要贴新年画，年画鲜艳的色彩、夸张的人物造型、挺拔的用线、饱满的构图，充满了浓郁的生活气息。这些年画对他很有吸引力，他渐渐地对绘画产生了浓厚兴趣。

韩亚洲儿时记忆最深的是听评书，看京剧。自己摹刻影人儿，涂色、打油、拉线，夜里点上油灯自己演。小人儿书也是他的最爱，除了爱看，还常常临摹小人儿书上的侠义人物。后来，韩亚洲随父亲进了北京。

韩亚洲的父亲是民间画师，也曾学习过素描、油画、水彩、图案。他时常给商铺画广告画，给电影院画海报。韩亚洲看到父亲画好的电影广告牌立在街头，非常崇拜和骄傲。从小学五六年级开始，韩亚洲跟父亲学素描和水彩，父亲出去写生有时也带着他，那时韩亚洲的理想就是有一天能像父亲一样做画画的事。

上初中时，韩亚洲遇到美术启蒙老师陆黎光，老师让他参加学校美术小组活动。"五一""十一"时，同学们一起画宣传画，抬着自己画的大宣传画参加天安门的游行，

1960年，韩亚洲（前排右四）与中央美术学院附中同学及班主任杜键先生（前排右三）

这些实践提高了韩亚洲的绘画能力和学习美术的信心。课外，陆黎光老师组织他们去观看"苏联经济成果展"。韩亚洲第一次看到格拉西莫夫、约干松等苏联油画大师的作品。其中有一幅拉克季昂诺夫的《前线来信》，画面上全家人在门口读一封前线来信。天空分外蓝，阳光格外耀眼，光影洒在人身上、地上，那残破地板的质感、光感美妙而又神秘，这幅油画强烈震撼着少年韩亚洲的心灵。

韩亚洲如愿以偿地考入了中央美术学院附中。附中毕业后进入北京艺术学院学习。许多名师教过他，如溥雪斋、卫天霖、俞致贞、蒋兆和、卢沉、罗尔纯、邵晶坤、张安治、祖文轩等。他系统学习了中国美术史和西方美术史，并打下了扎实的绘画基础。

他喜欢苏联的油画，但西方印象派、野兽派、抽象派、表现主义大师强烈的画风似乎更契合他的心灵。有一次上人体课，他用玫瑰红、紫罗兰、青、绿、黄等画成了一幅视觉强烈、有些"怪异"的非写实油画。为此，他被批判是"资产阶级艺术观"和"修正主义"的苗子。卫天霖先生挺身替他辩解，说这只是追求色彩，尝试不同的表现形式而已，并非受西方的影响，此事才算作罢。这件事，他几十年后才得知。当年卫先生为保护他才这样说，而韩亚洲创作这幅画时确确实实是受了西方绘画的影响。

后来"北艺"分成三家分别并入中央美术学院、中央工艺美院（现清华大学美术学院）、北京师范学院（现首都师范大学）。1964年底，韩亚洲被分配到北京顺义县文化馆工作。

二

1978年，韩亚洲调入人民美术出版社连环画册编辑室做美术编辑。

韩亚洲参与了许多连环画套书的编辑工作。人民美术出版社曾在20世纪五六十年代出版过影响巨大的大型连环画套书《水浒传》，这也是人民美术出版社的标志性出版物。1966年至1976年间，原稿被焚毁。1976年后，人民美术出版社计划重新出版《水浒传》，即我们今天见到的80年代新版连环画《水浒传》。此书历时数年才编辑完成。韩亚洲从人物设计到约绘，从编辑到审稿，都积极参与。他在工作中不仅结识了一些青年连环画家，也认识了一批令人景仰的著名画家，如赵宏本、王弘力、戴敦邦，还有后来的罗中立、施大畏等，并在和他们的接触中学到了很多东西。不久，韩亚洲又参与连环画《封神演义》的形象设计和连环画《清宫演义》的编辑工作。他担任美编的《清宫演义》（三卷）获第四届全国连环画套书三等奖、第一届全国优秀美术图书铜奖。韩亚洲编辑了大量连环画。如《保卫延安》《东周列国故事》《西游记》《东陵盗宝》《中国古代神话》《爸爸妈妈读过的书》，这些图书出版后，都获得好评。

1998年，中国美术出版总社成立，设立外国美术编辑室。因为韩亚洲原是学油

《水浒传》连环画

《封神演义》连环画

《西游记》连环画

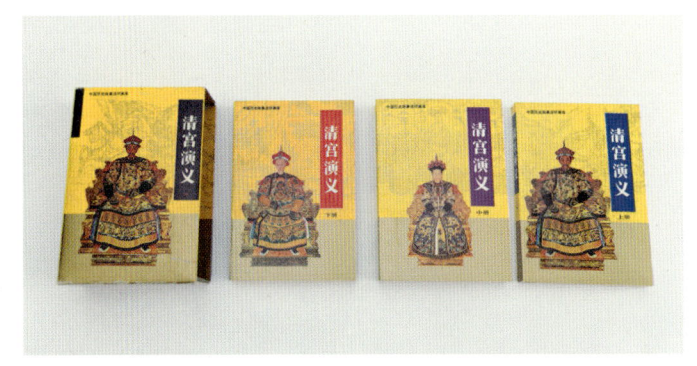

《清宫演义》连环画

《东陵盗宝》《保卫延安》连环画

《爸爸妈妈读过的书》《文天祥》《林则徐》《江姐》《西安事变》《我要读书》《革命母亲夏娘娘》《李四光》连环画等

"外国大师绘画集"系列丛书与"20世纪外国大师论艺书系"

画的，于是总社调他到该室。几年间，他编辑了"西方著名美术院校系列丛书""20世纪外国大师论艺书系""外国大师绘画集"等西方美术理论丛书。这些图书一方面丰富了人民美术出版社外国美术出版的种类，也为读者提供了高质量的美术理论读物。2000年，韩亚洲被评为编审。2002年退休，但他仍然关心连环画的发展，对"连环画原稿"提出许多编辑出版建议。

三

几十年来，韩亚洲一直未停止绘画创作。他一边尽心尽力地"为人作嫁"，一边创作。他创作了大量的连环画，为读者所喜爱，同时坚持中国画、油画，甚至雕塑创作。

韩亚洲退休后，有更多的时间进行创作，不论是2005年前后以油画形式创作的风景画《山谷》《菜地》《小树林》，还是人物画《三月》《蓝色的马》，我认为，他在完成少年时的梦想，这些画充满了印象派、后印象派的影子，也是他喜爱的表达方式。

《山谷》韩亚洲 油画

《小树林》韩亚洲 油画

《三月》韩亚洲 油画

《蓝色的马》韩亚洲 油画

1986年,"四人水墨展"右起:韩亚洲、姚奎、邵宇、李玉杰(又名李老十)

同时,韩亚洲也进行着中国画的创作,主要画人物画。连环画主要是画人物,许多连环画家在转向中国画创作时选择了人物画。对于学习中国画的学生而言,人物造型的准确始终是他们难以解决的问题,而这对于连环画家来说,却比较轻松。

看韩亚洲近几年的中国画创作,尤其是人物画创作,他已经渐渐形成了他独特的绘画语言与风格。像《秋林觅句》,比较传统,笔触简练,造型优美;而《对弈图》《有朋自远方来不亦乐乎》《对牛弹琴》笔墨放松,不在细节上更多铺陈,追求人物的气韵;《罗汉图》《酣酣大梦》《酒中仙》则充分展示韩亚洲书法线条的功力和质量;《庄子鼓盆成大道》更注意水墨的变化,以写意方式表达内容,有趣而又贴切。

我以为,将印象派、后印象派与中国传统绘画结合起来是中国美术家可以思考的问题,而韩亚洲始终在进行着这方面的探索,他2010年创作中国画《胜负又如何》即是上述类型的代表作。画面上两只勇猛的势均力敌的牛相斗,线条中既有油画中抽象的力度,也有中国书法的内涵,墨色简约,动势十足,充满了力的美。这幅画参加了"亚运会全国中国画展"并被收藏。

马也是韩亚洲最爱表现的题材之一。他力求用概括和夸张的手法,发挥笔墨神奇的张力。他用写意的笔法表现马的神态,奔放、自由;布局上,马的造型极富新

韩亚洲（左）与杜健（右）　　　　　　　韩亚洲（右）与马常利（左）

韩亚洲（右）与王怀庆（左）　　　　　　韩亚洲（右）与赵志田（左）

意，马在天地间自由驰骋，与大自然融为一体。韩亚洲欣赏汉代画像砖中马的姿态，他认为这是"马"的艺术形象特征的典型代表，是生命力的表现。他说："我的造型艺术始终围绕生命状态的骨韵与灵魂的表现，与水墨相遇，得见生动气韵、遒劲的生命力，在绘马的造型之上思考形象之美，以笔气、墨气、色气之三气交融并臻，给予马的造型形象以风骨气韵。"徐悲鸿之后，出现了不少画马的大家，但韩亚洲敢于突破画马的技法，以其写实能力为基础，探索艺术的真谛。

韩亚洲在 2011 年创作了一批水墨山水，如《秋林晚烟》《云山烟树》等，这些水墨作品吸收了西方的素描造型，将其对印象派的理解，用水墨形式传达出来。

《秋林觅句》韩亚洲 中国画

《对弈图》韩亚洲 中国画

《有朋自远方来不亦乐乎》韩亚洲 中国画

《对牛弹琴》韩亚洲 中国画

在韩亚洲先生的作品中，我们能够强烈地感觉到他的艺术追求，从构图到作品内容，始终洋溢着蓬勃的生命活力。他有美院的造型基础，又有在出版社创作大量连环画的经验，他对造型的把握能力超出同代人。但他在创作水墨实验的作品时，始终不满足于造型的准确，而是追求、探索个性的表达方式。因此，我们看到，他用自己独特的绘画语言表达对世界的看法，对生命的认识。他认为："我的绘画不是画的自己，我在自己的艺术活动中见到了客观现实世界中的自我投射；从中显现着自我，成为形象人物生命的构成。"

《柔媚》韩亚洲 雕塑

韩亚洲不仅画中国画，他还做雕塑。母性题材是他创作的一个主题。如2010年创作的《柔媚》，是他最喜欢的雕塑作品。作品风格粗犷，直接表达母性沉溺于对小生命的爱。他说："我夸大了丰肥的母性造型体态，以饱满、滋润、柔媚的母性象征孕育生命的活力，表现丰饶与美态的内涵，我运用粗犷的表现手法塑造母性健康美的意蕴。"

韩亚洲性格开朗，思维缜密，几十年的执着与坚守，造就了他笔墨豪放丰富而又重视细节的特征。他力求继承简笔这一古代写意画风，并赋予新的内容，新的格调，创造新的笔墨艺术语境。祝贺韩亚洲先生所取得的成绩，也祝愿他能给我们带来更大的惊喜。

《罗汉图》韩亚洲
中国画

《酣酣大梦》
韩亚洲 中国画

《庄子鼓盆成大道》
韩亚洲 中国画

郜宗远

〔中国画画家、连环画家、编辑家〕

邰宗远 先生

集出版家、艺术家于一身

郜宗远

(1942—)

河北昌黎人，中国画画家、连环画画家、编辑家

编审，曾任中国美术出版总社社长、人民美术出版社社长、荣宝斋总经理。曾任中国美术家协会理事、中国出版工作者协会美术出版工作委员会主任、中国编辑学会副会长。参与编辑《中国大百科全书》(75卷)获国家图书奖。创办荣宝斋出版社，主持《中国美术百科全书》《新中国出版50年》《新中国美术50年》《百年中国画集》等国家重点出版工程，多次获国家图书奖。《中国美术分类全集》总编委会副总编辑，1992年经国务院批准享受政府特殊津贴。其作品《瀑》参加"百年中国画展"，作品《瀑》《峡江放舟》被中国美术馆收藏。出版《郜宗远画集》《郜宗远水墨作品集》等。

一

1942年，郜宗远出生在辽宁沈阳，后随父母迁到北京。1949年春节前后，北平（北京）解放，他亲眼看见解放军进北京的壮观场面。1954年，母亲病逝，没过几年，父亲得了重病，为了让哥哥再看父亲最后一眼，16岁的郜宗远拼尽全力，蹬着一辆破旧的自行车，从白塔寺骑到东郊定福庄。但哥哥赶到医院时，父亲已撒手人寰。每次谈起这段难忘的经历，郜宗远的眼眶都会不由自主地湿润起来。

家庭不幸，使他过早地懂得世事艰难，担起养家的责任。他上初中二年级时，经常揣一块姨妈给的烙饼去做小工。但同时，也使他在学业上更加刻苦努力，德智体全面发展。小学时，他便当上了少先队年级大队委，五年级时进入北京市少年宫，学航模、学口琴，还当过北海公园少年之家"少年先锋号"快艇的船长。中学时，被选送到什刹海体育学校练游泳，15岁曾荣获北京市少年组游泳比赛亚军。

走入社会，郜宗远先从事教师职业，从小学教师、中学教师到东城教育学院教师，都很认真地做好本职工作。但很快，他感觉到世界的变化，似乎走入一个怪圈，不论怎么努力，都很难得到领导的赏识。他出身不好，先天的标记，尤为明显而又致命。1976年，毛主席逝世，学校师生到天安门开追悼会，只留下他和另一位出身不好的老师在学校。为此，郜宗远在很长时间内很自卑。但这种现状并没有击垮他，他继续努力，加倍做好工作。这也是他人生中最宝贵的经历。

1978年，一个偶然的机会，被郜宗远尝试并幸运地抓住了，他在众人中脱颖而出，考入中国大百科全书出版社，在美术编辑室当美术编辑。大百科全书出版社人才济济，被誉为出版界的"黄埔军校"。他虚心好学，干工作兢兢业业。他认为，凡事都应该好好去干，要悉心钻研，不能为了回报去做，但一定会有回报。他很快就崭露头角，1985年评为编辑，1987年破格评为副编审，1990年又被破格评为编审。按正常的晋升规律，第一次评定编辑就是破格，后两次的晋升一般至少需要10

1950年，全家合影，郜宗远（左一）

年的时间。为什么他全是破格，而且是一路三级跳呢？这是他努力勤奋、业绩突出的结果。

他在出版社似乎什么都做过，封面设计、版式设计、插图、漫画，甚至设计美术字。每一件事他都尽心尽力去做。提起连环画，他感触颇深。1976年后，连环画最先发展起来，许多著名的画家都涉猎过连环画，能够出版连环画单行本需要画家有一定的造型功底。当年，他与两个同道好友合作画过几本连环画册，并顺利出版，印数都很大。有群众出版社出版的《珊瑚岛的死光》、天津人民美术出版社出版的《奇峰异洞》、人民体育出版社出版的《球星之死》等连环画册。那时的他，白天在教育学院上班，晚上利用业余时间画连环画，通常一画就画到夜里两三点钟。除了画连环画，他还画过大量的插图。

今天，已经成名的他，画画仍然精益求精。他自称画画慢，因此很少参加现场作画的笔会。他认为，自己画画时需要一遍遍地泼墨，等到干了再泼墨，干、湿、湿、干……几个来回，一个小时远远不够，而且可能画不好。

一次外出开会期间，他答应给一个同事画一张画。开笔的效果不错，我第二天问那位同事，画是否拿到？她说，郜总认为有的地方没有画好，要放放，画好了再

郜宗远（左）与叶浅予（右） 　　　　　　　郜宗远（右）与孙其峰（左）

郜宗远（右）与宋文治（左） 　　　　　　　郜宗远（左）与宋文治（右）

拿出来。这种对自己、对别人认真负责的精神，始终贯穿在他的工作和绘画之中。

　　郜宗远认为，自己做事认真细致的风格是从一些学者、大师身上学到的。从事出版行业27年，他感到骄傲的是，参与了几件大事，比如在编撰"中国大百科全书丛书"的13年间，和许多著名学者有过接触，他们的为人对自己产生很大影响。像语言学家王力、教育家董纯才、科普作家高士其、学者季羡林、数学家华罗庚、美术家艾中信、美学家王朝闻、文学家丁玲、巴金等，他都有近距离的接触。在同龄人中，有这样经历的人是不多的。这些大学者们写起文章来洋洋洒洒，不拘一格但又严谨认真，为人虚怀若谷，对年轻的他关怀备至，没有一点架子。他认为，那13年，就像置身于一座没有围墙的名牌大学里读书。

与大学者们的接触，使郜宗远形成认真细致、实事求是的工作作风。他做编辑细致，做管理同样一丝不苟。正因为他认认真真做事，老老实实做人，我们看到，幸运的光环似乎总是围绕在郜宗远的身上。能够集荣宝斋总经理、人民美术出版社社长、中国美术出版总社社长三职于一身，空前，也可能绝后。郜宗远为此感到很欣慰，但他认为，这也是机遇，是历史交给他的一个任务和责任。

二

2001年9月至10月，"百年中国画展"在中国美术馆举办。这是一个世界瞩目、中国美术界期待已久的展示20世纪百年中国画成就的大型展览。

我们熟悉的一代美术宗师，吴昌硕、齐白石、徐悲鸿、张大千、林风眠、黄宾虹、傅抱石、黄胄、李可染、石鲁、刘海粟等前辈，他们的作品和新中国成立后各阶段涌现的新秀力作，汇集成中国画20世纪的辉煌史册。

经专家艰难选择，最后确认了542位中国画画家入选，共551幅令人难忘的精品。宽阔的展览大厅里，柔和的灯光下，观众摩肩接踵，络绎不绝，流连忘返，人们怀着喜悦的心情欣赏大师精湛的画作。

在这些作品中，郜宗远的山水画《瀑》引起了不少观众的注意……

郜宗远曾经拜宋文治、孙其峰为师，两位先生的画各有千秋，但共同的特点是布局稳重，用笔精微，具有大师风范。在郜宗远的画中，也能够明显地感受到这些特点。曾经在中国美术馆举办的"百年中国画展"中展出的《瀑》是郜宗远的代表作，被中国美术馆收藏，也是我非常喜欢的一幅作品。那种让人透不过气来的水雾从画面弥漫出来。葱茏的绿色植被、苔藓，在水雾的滋养中摇曳，泉水是静静的，没有声响。从《瀑》中能读出"泉声洗心"的意味。另外，在这幅《瀑》中，我认为还

《瀑》郜宗远 中国画

能感觉到傅抱石的笔法和精髓,但又看不出痕迹。这说明郜宗远具有"转益多师是我师",汲取精华,创造自己风格的能力。

我认为,郜宗远的山水画有几个特点:

一是雅俗共赏。郜宗远的山水画很耐看,令人回味无穷。首先,他的画有着西方绘画的写实功底和东方绘画的笔墨精神。他对中西绘画有自己独到的理解。西方画中的色彩、透视都是他学习的内容,而对中国画的理解也日渐深刻,不仅是对笔墨的把握,更重要的是他对中国画中的气韵如何表现有自己的理解。

2001年的一天,我陪着美国时代华纳公司副总裁迈克先生参观荣宝斋。迈克先生对中国的文化很感兴趣,但还远不是中国通。我们上了二楼,他兴致勃勃地听我们介绍一幅幅挂在墙上的中国画,徜徉在浓郁的中国传统文化氛围中。突然,他隔着一个玻璃柜,指着对面下方的一幅画,激动地竖起大拇指说好。我绕过去一看,正是郜宗远先生的作品《山舞银蛇》。

仅以看得懂看不懂为标准,不是艺术的标准。我认为,郜宗远的作品不仅能让普通读者欣赏,重要的是,他的作品有深刻的艺术内涵。

二是南北交融。郜宗远是北方人,不乏北方人的粗犷大气,而他拜具有强烈南方灵秀特点的宋文治为师,这个特点造就了他绘画的与众不同。他的山水画创作层层积墨,从中可以看出,既有大山大河的磅礴大气,也有细腻的云烟,朦胧的晕染。

三是亦工亦写,兼工带写。山水画有工、写之分。郜宗远的山水画还是写意山水,但我想说的是,郜宗远的写意山水画中有细节,有求工的地方,这是与一般写意山水不同的地方。无论是工笔重彩,还是写意山水,我认为,都容易出彩。唯独处于工、写之间,最见功夫,需要画家有持久的定力,没有几十年,是难以成就的。在学术界、美术界盛产"浮躁"的今天,能够耐得住寂寞,没有非凡的毅力是难以做到的。

四是个性与共性的统一。个性的展现与欣赏者的审美期待珠联璧合。这是郜宗

《山舞银蛇》郜宗远 中国画

《雪后》郜宗远 中国画

郜宗远采风留影

远先生多年做编辑形成的素养。做编辑，首先要考虑读者的感受，自说自话，是没有市场的。书画市场亦然，郜宗远的中国画除了上述的个性外，还表现为不故弄玄虚，他描述大山大水，气韵生动，张弛有致又充满情趣。

郜宗远的作品不故作姿态。我所知道的一些画家，当写实的作品不好卖时，便及时转向，画起抽象画来。其实，他们并不懂得抽象画的规律，只是人云亦云，故作高深罢了。郜宗远先生的作品非常老实，老实的好处就是随着时间的推移，他的画渐入佳境，得到人们的认同。

他认为，一个人的机遇与成名很有关系。如果刻意表现自己、刻意追求什么东西，未必能成功。认认真真做事，老老实实做人，幸运女神终将会青睐你。

郜宗远在为"第一届美术出版界展览"写的前言中说："编辑工作也像红蜡烛一样，照亮了别人，却消耗了自己。在这个队伍中，有些人从此放弃了自己的绘画专业，心甘情愿地从事编辑工作最终成为编辑家；可另一些人，他们除了完成自己的本职工作之外，硬挤时间利用深夜，利用双休，利用一切可以利用的时间，去实践自己的第二职业（绘画）。我赞扬前者，也鼓励后者。其实编书与绘画是矛盾中的统一，在编辑过程中他们接触百家，熟悉不同的画风，学习美术史论，这对日后创作无疑是一种提高。以至近年来全国各美术出版社涌现出一大批年轻的'编辑艺术家'，他们既是编辑，也是作者；既编辑出版了一大批优秀图书，也创作出一些优秀美术作品。"

这何尝不是他自己的真实写照？

三

郜宗远性格直爽，为人诚恳，厌恶虚伪。他有自己的主见，即使评论起美术界的前辈，也直接表达自己的看法，并不因为对方是大师便低人一等，俯首帖耳。他反对那种庸俗的吹捧式的美术评论，也正因为这样，他所领导的中国美术出版总社在美术理论图书的出版上，有自己独立思考的出版风格。

郜宗远早年受哥哥的影响，喜欢上了画画。开始学的是西画，我看到他的第一幅作品是油画《雪后的街道》，他也很喜欢这幅作品。那张画很见功力，明暗、虚实、色彩和构图，都很到位，可以说是张范画。但我却以为，他之所以如此喜爱这幅作品，一定另有缘由。后来，又看到他的一系列中国画作品，比如《山舞银蛇》《鼓楼冬雪》等等，雪后的景色似乎是他常常选择的题材。这更加坚定了我的某种判断。雪象征着纯洁，也许，郜宗远追求的是一种纯粹的理想境界吧。

据我的观察，他对虚伪是极其反感的，你做得不到位不要紧，但如果你说一套，做一套，肯定会受到他的鄙夷。他认为，当领导要有原则性，心里要有杆秤，主要看人干得怎么样，有些人善于当面说你好话，但有些人不说话只干活。有一段时间，某个职工天天往他的办公室跑，想做某部门的负责人，许多人都认为，按常理，这个职工肯定会如愿以偿。但在公布部门负责人时，没有这个人的名字。一次，我陪同他出席一个活动，没有多一会儿，他便离开，躲到一边休息了，我问他是不是不

《鼓楼冬雪》郜宗远 中国画

舒服。他说，对某人的端架子、装腔作势很反感。按说，以郚宗远的身份，上至中央常委，下至三教九流，他见多识广，都能处得很好，在沟通上不可能有问题，但他有自己的个性，虚的、假的，立刻给你一个距离。

初识郚宗远，明显感觉到他的冷峻，包括他的傲气。傲，当然有其资本，从一个普通的美术编辑，到任中国美术出版总社社长，时间仅仅是十几年。跨越的几大步，至少说明他的经营管理才能，非常人可以想象，这还不值得骄傲吗？

在工作中，由于丰富的社会阅历，高层站位，他的傲气一般看不到，它隐藏在表面的冷峻之中，容易被人忽略。就中国画而言，相比较花鸟、人物，山水画最难画，原因就在于山水画需要作者通过笔下的山川河流，张扬自己的个性、表达独特的情感。郚宗远偏偏选择了山水画，我想，这大概也与他的傲气和自信有关。

画如其人，在画中，他似乎仍然极力在掩饰自己的性情，他的山水画冷峻、寂寞，有人以为他的画缺乏激情，其实，这也是他山水画的特点。

美术作为一种用视觉形象把握自然世界、表现情感世界的艺术语言，有着中西不同的文化内涵。西方古典油画偏重外向写实再现，重视对客观世界的科学观察；中国古典文人画则偏重内在抒发，强调主观世界的感受。

但世界的发展并不是一成不变。许多艺术家在努力打破原有的边界。西方近代的美术家早已不再偏重外向写实再现，而我们中国的艺术家也在探索新路。

看看郚宗远山水画的轨迹，可以看出，他一直在一个并不宽阔的道路上前行。他将年轻时喜爱的俄罗斯巡回展览画派的精髓为我所用，逐渐形成自己独立的艺术风貌。冷峻、客观已经成为他山水画的特征。

冷峻只是郚宗远的表面，冷峻背后，在他的内心深处，则潜藏着浪漫的情怀。《晨光》《古城夕照》就是不经意间显露出浪漫的作品。也许这时他放松了"警惕"，显露了自我，也许是他大彻大悟，知道世间许多事情并不能完全按自己思索的轨迹前行。他不再拘谨，毫不吝啬地挥洒亮丽的色彩，那漫天的红霞传达了他浪漫的情思。

《古城夕照》郜宗远 中国画

《晨光》郜宗远 中国画

我发现随着他年龄的增长，像这样画面上出现暖色的作品渐渐增多。

四

郜宗远的经营才能和绘画才能，我认为始终是并列着的两条线。让一般人无法理解的是，为什么两条线几乎一直是平行的，缺少交叉。在美术界总听到这样的说法，说某某人画得不怎么样，却很能经营，画的价钱是天文数字；某某人画得很好，不会炒作，所以不被世人承认。郜宗远的绘画才华是显而易见的，而他的经营才能更在一般画家之上，但他却从不炒作自己。

他最不喜欢被人称为"商人"，自认为本色还是画家，最多应算是出版组织家。

之所以有人戏称他为商人，是因为他曾经不断地成功扮演过商人角色。他在任中国大百科全书出版社美编室主任的时候，每年创造一百多万元利润。要知道，美编室是最难赢利的，而这些利润相当于当时一个中型出版社的年利润。没有商人的才能，是很难想象如何创出那么多利润的。

郜宗远（右）与启功（左）　　　　　　郜宗远（左）与范曾（右）

正是由于他在经营上展露的才华，1992年奉新闻出版署的调令，出任荣宝斋总经理。当时荣宝斋管理不善，人心涣散。郜宗远从当时刚刚兴起的跳蚤市场中得到启发，提出方案，将荣宝斋荒芜的后院建成一个交易大厅。通过招商引资，于1993年组织开设了荣兴艺廊，开创大众收藏的低端市场，避免与荣宝斋走高端市场碰撞，当年就回报三百多万元利润。以后，荣兴艺廊每年的收入成为荣宝斋的利润来源之一。他在荣宝斋期间，还创立荣宝斋出版社、荣宝斋画院及荣宝拍卖。郜宗远出色的经营管理才能使他获得跨行业最高奖励——国务院政府特殊津贴，那年，他仅51岁。

擅长经营并不等于唯利是图。从荣宝斋总经理，到调任人民美术出版社社长，到出任中国美术出版总社社长。郜宗远曾经主持了一系列有影响的美术专业图书、国家重点图书，如果单从经济效益看，回报不多。郜宗远认为好的图书就要出版，尤其是社会需要的专业美术图书，否则就是出版商人了。不同的商人角色内涵在改变，源于他对中国文化的深刻理解，对美术的挚爱，他骨子里还是文化人。他的商人的角色开始向出版家角色转换。

表面上看，他的经营才能几乎出于直觉，这源于长年做总经理、社长的经验。他的判断能力极强，在平时的工作中，他能够在极短的时间内，了解你所说的问题的本质，常常是一语中的。我有时甚至怀疑，他对过程是否真正了解，但他下的结论，通常是正确的，过程在他那里似乎可以省略。

郜宗远虽然善于经营，也有极多可值得炒作的条件，但他不去经营自己。在做荣宝斋总经理时，他接待过许多中央领导。比如，与当时中央政治局七个常委都有合影，这是许多人梦寐以求的炫耀资本。

2003年夏秋时节，郜宗远接到上级通知：美国前总统卡特要来参观。果然，当天下午卡特夫妇来到荣宝斋。郜宗远为他们介绍荣宝斋的历史，介绍总社的情况。卡特夫妇听得非常耐心。郜宗远发现他们对中国的风筝很感兴趣，他就让工作人员

邬宗远（左一）陪同美国前总统卡特（右一）及其夫人（右二）参观

邬宗远（前排左一）陪同美国前总统卡特（前排右一）参观

将一个风筝样品拿下来，作为礼品赠送卡特。当时天气比较热，他又将一把中国折扇送给卡特夫妇，他们看了非常高兴，说："这个礼物很好，我们一定带回美国。"时隔不久，邬宗远接到了卡特总统的亲笔来信，信中，卡特总统表达了对荣宝斋及邬宗远的感谢。

这些珍贵的资料，他的大多数同事都没有见过，即使在中国美术出版总社对外的宣传册上也没留下痕迹。当年，我撰写第一篇关于邬宗远的画评，我向他索求一些个人画册和以前美术评论家写的评论文章。让我大失所望的是，他竟拿不出资料，拿出来的只是一张几年前在韩国办个人画展的宣传品，一张薄薄的个人简介，七八张图例、文字不超过300字。你无法想象，这就是中国美术出版总社社长兼荣宝斋总经理的展览宣传品。

我相信，如果他用百分之一的精力自我宣传，以他的经营才能，他的名气会远比现在大得多。他说，他可能属于善于经营的人，但一辈子总在帮助别人经营，替别人做嫁衣裳。既然是工作，就不能经营自己的东西，等以后退休了再经营自己的东西，这就是他的个性。

美国前总统卡特回信

《金色的印象》邹宗远 中国画

  对于画家而言，做一个出版社的法人，很可能是无奈之举。这个工作不仅需要无时无刻地在思维缜密的管理者和气质浪漫的画家之间转换角色，还需要在经营上花很大的气力，对于邹宗远来说，何尝不是如此。

  如今，邹宗远离开中国美术出版总社领导岗位已经13年了，几十年在出版社的工作给予了他艺术上极高的站位、广阔的视野，这是一份独特的艺术滋养，他的山水画"人画俱老"，日臻完善。他最喜爱说的一句是：作品说话！相信随着时间的推移，邹宗远对艺术会有进一步的思考与探索，希望他在中国山水画上取得更辉煌的成就。

《秋意》郜宗远 中国画

《太湖之滨》郜宗远 中国画

《峡江帆影》郜宗远 中国画

郜宗远

程大利

〔中国画画家、编辑家〕

程大利 先生

精微致广大，畅神复何求

程大利

(1945年—)

江苏徐州人，中国画画家、编辑家

中央文史研究馆馆员，中国国家画院院委、研究员，中国艺术研究院研究员，中国画学会创会副会长。曾任中国美术出版总社总编辑、人民美术出版社总编辑、中国文联全委会委员、中国美协理事。作品参加第六、八、十届全国美展，首届北京国际美术双年展等重要展览。获第二届中国山水画、油画、风景画展优秀作品奖、黄宾虹奖，中日水墨画交流展一等奖。主编22卷《敦煌石窟艺术》《中国民间美术全集》等大型系列画册，并获多项国家图书奖。出版《程大利画集》等多种。理论文集有《宾退集》《师心居随笔》《师心居笔谭》《雪泥鸿爪》《中国画教学文丛——程大利导师卷》《程大利谈山水画》《极简中国古代绘画史》《砚田别识录》《师心居吟草》等。

一

1945年9月，程大利出生于江苏徐州，祖籍苏州吴县。父母亲都是教师。程大利自幼爱画，常用粉笔在地上、墙上涂涂写写，多得父母鼓励。小学时，父亲给他买了一本《齐白石的画》，百读而不厌。美术课作业总得老师嘉许并有画作送"少年之家"展出获奖。

父亲带幼年程大利看同事王明泉先生画画。王明泉毕业于上海美专。他用笔调出紫色在宣纸上画了一个又一个圆圈，水和色洇到一起变成了圆球，又在每个球上点一个黑点，空隙处用笔连成短枝……一串葡萄出来了，连上叶蔓枝干活了起来。王明泉的画案和笔墨成了程大利童年最深的记忆，也是最早的绘画启蒙。

父亲教程大利颜真卿、柳公权的正楷，中规中矩，程大利从此打下书法根基。中学时代，受教于国立艺专毕业的李雪鸿先生。1963年，程大利高中毕业，因时代原因未被高校录取，自学生涯自此开始。1964年，程大利到沛县下乡插队。微山湖边的四季风景与淳朴民风让他心有所动，绘画的天资得以展现。这时遇到了曾就读于中央美术学院的周节文先生，与周先生遂成莫逆之交。周先生送程大利画板和画笔，荐读苏里柯夫和列宾，然后一起讨论。绘画技法之外，在生活信念和人生态度方面，周节文给予程大利很大影响。

1964年起，程大利开始在沛县图书馆借书，成为常客。1966年起图书馆封门，图书馆负责人让程大利帮助清理图书，于是他有了更多的阅读机会。以后几年，凡馆藏中国古代画论、书论、文论及东西方美学皆借来阅读。最初对契斯恰科夫兴趣甚浓，后来见到陈老莲和任伯年的墨迹，便操起毛笔，临习不辍。曾摘下门板临《八十七神仙卷》，一直到深夜；找来吴昌硕石鼓文和颜真卿《麻姑仙坛记》，手追心摹。此时期画下了数以千计的素描头像和速写。不久，程大利担任农中教师，那正是"文革"期间，程大利得以"逍遥"，每天读书、作笔记。亚里士多德、苏格拉底、康德、

《曲尽箫笙息》程大利 中国画

黑格尔的译作和先秦诸子散文及俞剑华的《中国画论类编》等等是这一时期的收获。文学方面则按游国恩的《中国文学史》作为索引，按图索骥地系统阅读。从钟嵘的《诗品》、刘勰的《文心雕龙》到王国维的《人间词话》，均作过笔记。读到得意处，可以文字充饥而不觉得饥饿。

1971年，程大利被上级安排到沛县师范学校教书，担任音乐和美术教师。沛县师范学校是1958年成立的老校，图书资料规模亦颇可观。图书馆中的苏联《星火》杂志的插图对程大利日后影响颇大。他流畅的笔触很受《星火》杂志与英国铜版画的影响。

1974年，他被调到沛县文化馆专职从事美术创作，这期间创作的一批年画宣传画被江苏人民出版社出版，如《做农业学大寨的带头人》《我们爱科学》等，这一时期他不断地参加江苏省的各项展览活动。

"文革"后期，程大利先后认识了罗尔纯先生、亚明先生，高马得、陈汝勤夫妇，并深得教益。尤其是罗尔纯、亚明二位先生的艺术思想对程大利艺术的成长有至关重要的作用。亚明先生的"有规律，无定法"以及"形是手段，神是目的"对程大

《云壑华彩》程大利 中国画

《规矩变化循造化》
程大利 中国画

利日后艺术思想的形成奠定了根基。而中国画论的全面修养亦为他的创作提供了丰实的营养。

二

1979年,程大利因为屡屡参加江苏省及全国美展并出版了一批年画宣传画作品,还在南艺学报《艺苑》和有关报刊上发表了一批文章,江苏出版部门萌动了调程大利进入出版社的念头。当时高斯、鲁光、索菲几位出版界领导花了很大力气才把程大利这个没有学历的人破格调到出版社担任编辑,而后来的工作表现充分证明了几位领导的用人眼光。

程大利在江苏的出版部门工作了十几年,曾担任江苏美术出版社社长兼总编辑、江苏省美术家协会副主席、《江苏画刊》主编,是第一批获国务院颁发政府特殊津贴的专家。

1984年,江苏美术出版社成立,有改革意识的出版家索菲有着明晰的办社思路和探索精神。1988年,程大利担任江苏美术出版社社长兼总编辑,确立了"现代美术、

《阿尔卑斯山即景》程大利 中国画

传统美术、民间美术"三个版块的出版方向,同时提出"质量 特色 效益"六字方针。20世纪80年代,正逢改革开放初期,对"'85美术新潮"做出重要贡献的《江苏画刊》虽为一本地方刊物,但其前卫性在全国有很大的影响力。程大利和几位社领导一起把这本刊物办得有声有色,并团结了一大批美术家,形成了时代的影响力。

1990年,程大利和副总编朱成梁等策划了《老房子》系列图书,物色了一位既懂美术又擅长摄影的青年才俊李玉祥加盟。他们扛着摄影器材与推土机赛跑,赶在拆迁之前留下了这套书,留下了曾经的时代,这套宝贵的图像资料获了出版大奖。此套书出版后,引起社会广泛反响。接着,他陆续主持出版了《老城市》《老照片》《老古董》等"老字号"系列图书。而《中国工艺美术大辞典》《中国民间美术丛书》《黄河彩陶》《贵州苗绣》《中国砖铭》等大型工具书及画册,以及《敦煌石窟艺术》《中国敦煌》《敦煌石窟鉴赏》《中国油画》《扬州八怪研究资料丛书》《吴门画派》《中国现代美术研究丛书》《外国美术研究丛书》等学术著作的出版,形成了品牌优势。作为领导,程大利的工作特色是破除陈规尊重人、团结人,让每个人愉快地工作,并鼓励创造。江苏美术出版社的成果在出版界产生了重大影响。程大利被《出版广角》杂志推选为改革开放以来影响出版界的十大风云人物之一。程大利在繁忙的编辑工作之余,始终坚持中国画的创作和研究,无一日停笔。

在江苏工作的后期,尤其是1995年编石窟艺术图书的西行,大山大川对他的影响巨大。他的绘画题材转向西部的大山大水,风格也随之一变。浩瀚的戈壁、无尽的雪山、茫茫黄沙、宽阔大河,程大利以他如椽的大笔,描绘着西北山川的苍凉和雄浑。程大利几次赶赴祁连山、昆仑山,奔波在塔克拉玛干沙漠与帕米尔高原,一度甚至对大漠沙海痴迷忘返,笔下时出新境。通过感受西北的壮阔与浩渺,他有了独立的审美趋向,这种新的审美体现在笔下,便是阔笔长笺,大写意水墨山水的苍茫与浑厚,不着一字,尽得风流。他以单纯的墨笔、简洁的手法创设意境。程大利在这时期运用大面积水墨的表现方式,注重黑白构成,甚至放弃线的描绘。他想

《好景应在水穷处》
程大利 中国画

突破，突破文人画的约束，以展现汉唐雄风，展现自己的个性。大山大水，体现了艺术家豪迈的一面，也是他向天地寻求生命意义的表达。而在一些细节的处理上，我们仍然可以看出程大利细腻敏锐的一面，这些作品不同于纯水墨探索，保留着中国画的特征与韵致，有传统精神的文脉传承，骨子里的书卷气息时时溢出画面。

三

1998年初，程大利由江苏美术出版社调到人民美术出版社，任人民美术出版社副总编辑。同年，中国美术出版总社成立，由人民美术出版社、中国连环画出版社、荣宝斋重组。1998年6月，程大利任中国美术出版总社副董事长兼副总编辑。

我由中国连环画出版社到中国美术出版总社。不久后，人民美术出版社即接到新闻出版署的任务，编辑出版《新中国出版50年》。程大利领衔编辑工作。我看过程大利手写的策划方案，从出版宗旨到编辑体例安排，洋洋洒洒，三四千字，详尽地写出了此书的编辑方案，堪称范本。

那时人民美术出版社考勤制度并不严格，没有打卡制度，许多老编辑上班自由度大，为此，程大利在出版社南侧办公楼开一间大办公室，成立了编辑组，社里文字能力较强的具有高级职称的编辑基本在内，大概有十几位。平时，大家各干各的，一星期有几天时间，要求大家下午集中到这间办公室看稿子。那时，社里几乎没有空调，盛夏季节，办公室是楼顶接出一层楼，很热，为此专门配了电风扇。

《新中国出版50年》稿子来自全国各地，稿件质量良莠不齐、体例不一，编起来很费力。按出书的宗旨和编辑体例，程大利指导大家编辑稿件，及时解决问题。记得一位编辑看出图的问题，图注文字写中外合资的某厂，图片中的厂名却是台资厂商，类似的问题还有不少，均在编辑会稿中及时解决。

《新中国出版50年》的设计是胡建斌，封面的阿拉伯数字"50"即是程大利信手的墨笔一挥，极具特色。此书总结了新中国成立50年来的出版成就，出版后受到新闻出版署的好评，并获了奖。

2001年，程大利出任中国美术出版总社总编辑，对人民美术出版社、连环画出版社、荣宝斋出版社三社的图书结构设计和出版规划实施均有战略性的思考和详尽的措施。如人民美术出版社既抓好有学科建设性质的学术读物出版，发掘新老出版资源，又强调人民美术出版社的品牌效应；连环画出版社不仅是全国连环画出版核心阵地，同时还扩大儿童读物的出版，并形成特色；荣宝斋出版社在画谱出版的基础上增加了传统书画的出书品种和数量。中国美术出版总社以优质的图书、坚实的编辑实力、相当规模的图书出版和品牌影响形成了"国家队"的格局，成为业内的"领头羊"。

2001年启动的《中国美术百科全书》编辑出版工作是重点工程。程大利组织召开专家座谈会及第一次编委会。这套书于2009年出版，2010年获第三届中华优秀出版物奖图书奖。程大利同时还兼任《中国美术分类全集》（304卷）的副总编辑，参与了全集的领导工作，并负责部分图书的组织、审读工作，获得中宣部颁发的"贡献奖"。

程大利曾主持中国美术出版总社的全面工作，是法定代表人和总编辑，在工作中尊重人、相信干部，敢于放权又大胆管理。他抓重点，抓编辑队伍建设，编辑出版效率很高，这在他做江苏美术出版社社长时尤为明显。

记得2004年，程大利刚任中国美术出版总社主要负责人时，让我分管人民美术出版社图书中心、荣宝斋出版社、连环画出版社、报刊社、人民美术出版社连环画中心五个版块的编辑业务，这样的魄力和信任，我只有尽心尽力去做工作，别无选择。实践证明，压力是磨砺的条件，是产生优质品牌的动力之一。

四

虽然工作千头万绪，但他业余时间仍笔耕不辍，无一日中断书画创作，因此他的艺术日臻成熟，在美术界的影响力越来越大。

程大利在绘画的同时，从不放弃书法，主要写北碑及金文。他崇尚以书入画，又是书法入画的践行者。他说："我在书法上一直下功夫、做功课。每天要练几个字，不是要当书法家，而是把书法当作修为的手段，也同时作为锤炼点线功力的措施，锻炼提、按、顿、挫，转折迂回，以求笔笔送到、处处见笔。这样的训练，为修行需要而来，把这个感觉用到画上，用到以线述形上。淡墨，甚至淡到如水也不能仅靠烘染，更不能涂，也是要见提按、见用笔、有起收。"

程大利认为："书法行笔忌尖、忌滑、忌流、忌浮、忌轻、忌薄。用笔如做人，要实、要厚、要重、要沉、要拙。拙比巧好，宁拙毋巧，巧是小聪明，拙是大智慧。"因此，程大利的书法，不论是大尺幅，还是小品，都是大笔小字、中锋用笔，磅礴气势，迎面扑来。程大利对魏碑、汉隶有特别的喜爱，在魏碑和汉隶上也格外用心。他的书法线条粗犷，有金石味，结体则较随意自然。他注重篇章布局，注重字体结构的重新组合，因此颇有画意。

在程大利的绘画作品中，可以看到他用笔的意趣，有篆籀之美，有古籀、钟鼎金文中那种顿挫、起伏，含蓄内敛的力量感。他学习书法确乎不是为书法，而是体味金石趣味和表达书法线条的美感。

2000年前后，程大利画风大变，他以"大漠孤烟直"的西北画风尝试表现长城主题，在积墨的运用中，转向对龚贤的再研究。

他从龚贤积墨入手，体会到墨彩光华无穷无尽。不久，从清王原祁，上溯到明代文徵明、沈周、董其昌，元代黄公望、吴镇，再上溯到宋代范宽、五代董源，追寻中国画用笔即用墨之道。用功至勤，终见成果。

《山色水光》
程大利 中国画

《云阳秋晴图》
程大利 中国画

程大利本是北方人，长时间在南方工作，后又回到北方。他的作品有南北兼容的特点。我们在他的作品中，既可以看到北方大山大水的阔大雄浑，也可以看出南方文化的灵秀与细腻。

同时，他能够站在全球化的立场上，寻找中西文化的交汇处。他认为，东西无藩篱，在艺术的高处是一致的。艺术实践和编辑工作相辅相成，不至于"眼高手低"，更能从读者高度去思考问题。他组织过几套学术图书，比如"西方现代艺术书系"，由翟墨、王端廷主编，共11册，再比如"走进大师系列丛书"等。

对于艺术批评，他具有学科建设眼光，亲自主持了"中国现代美术理论批评文丛"，作者有邵大箴等人，共10册。而拓宽美术史视界的"西域文明探秘"丛书，共7册，出版于2004年，先于"一带一路"倡议，是一套颇见功底的学术类图书。

在艺术上，程大利从不排斥外来文化，反而对西方的艺术有深入研究与独到理解。流在中国人血脉的基因是与生俱来的，不论他走到哪里，中华文化的根脉是置于骨子里的。数十年来，特别是退休之后，他的足迹遍及世界各地，遍览欧美各大博物馆，考察探索西方艺术堂奥，思考黄宾虹与塞尚相通处，高迪的建筑、贾科梅蒂的雕塑与中国笔墨之间的微妙关系。他的国外朋友也常常与他讨论东西方艺术。他善于从对方身上学习自己所需的东西，强化自己的认识。这种素养直接影响到他的中国画创作。

五

在出版社工作有一个天然条件，就是读书。阅读既是学习的过程，又是本职工作的一部分。在审稿过程中，程大利阅读了大量的美术理论文章。他对董其昌《画禅室随笔》《容台集》《画旨》、王原祁《雨窗漫笔》、王昱《东庄论画》、石涛《苦

《真宰上诉》程大利 中国画

《画到般若境》程大利 中国画

瓜和尚画语录》、恽南田《南田画跋》等古代画论曾反复阅读，体味其中的妙处，常有独到见解。

俞剑华的《中国画论类编》，原由人民美术出版社在20世纪60年代出版，程大利主持工作时，将其修订再版，亲自写了书评，称其为"学习中国画的必读书"。这本书几乎囊括了中国古代美术理论的精髓，是当代最具影响力的古代画论工具书。

程大利还善于从读书中思考并提出问题，提出自己独到的艺术观点。他说："中国历代画论说'脱出尘表'，意即不为一般大众服务，跟社会低品位拉开了距离。然而中国画又是最人性化的，因为它有两大功能：养心修身之求和知世悟道之功。只不过对大众提出了一个门槛的要求——大众必须要先改造自己，而不是去改造中国画，要把自己提升成有文化的、有担当意识的、有操守的人，才能进入中国画。中国画对画家有人文要求，要'人''文'双修。对欣赏者的要求同样也要有'文'，'文'是进入中国画创作和欣赏的门槛，也是沟通艺术和人生的桥梁。"

程大利不仅善读书，也善于总结，勤于动笔属文。平时有了感想，他就做艺术笔记，经年累月积累了许多艺术理论的文章。一批研究文章和他写的序言、跋语及讲座提纲集结成多种著述。他先后出版了理论文集《宾退集》《师心居随笔》《师心居笔谭》《雪泥鸿爪》《程大利谈山水画》《砚田别识录》。2018年，人民美术出版社出版了他的新作《极简中国古代绘画史》，刚刚面世，就入选了"中版好书"2018年度榜。2023年又出版了《师心居吟草》，也上了"中版好书"榜。

六

全面的艺术修养和潜在的艺术才华在程大利60岁后的人生中绽放光彩。2005年，中国美协和中国美术馆为他主办了"程大利山水画展"，这是一次规模盛大的山水画学术展览。三个小时的理论研讨聚集了北京的理论权威和学术大咖。大家高度评价了这次展览，袁运甫先生特别指出"产生这样的画家是时代的骄傲"。

程大利绘画中最有成就的还是山水画。

中国画有花鸟画、人物画、山水画，在这几个种类中，最能代表中国文化意蕴的是山水画。山水画最抽象，最难表现个性和作品的人格魅力，尤其是意境的创设，为此，许多中国画家以画山水画为终极选择。

程大利认为，中国画中，山水画最见功底和修养，格调高下，一目了然。可以说山水画体现画家的才情、心境和全面的修养。

程大利愈发注重中国传统文化的传承和弘扬。这些年，他在中国国家画院和北京大学招收研究生和访问学者，注重中国古典美学精神的研究传承，他对董源、黄公望、沈周、董其昌、龚贤、黄宾虹等绘画大师进行深入研究，为学生开列出一系列的书目。他对传统笔墨的把握、意境的表达和笔墨观的认知，均有自己独到的见地，同时，通过大量的写生，转化为自己的独特的绘画语言，形成鲜明的个人风格。

程大利是编辑专家，编辑就得读书、思考、比较、鉴别、选择。编辑工作首先是对稿件的"选择"。艺术也是选择。哪条道路适合自己？在什么时候、什么条件下，做恰当的选择？程大利对此常常陷入深思。随着年龄的增长，他渐渐寻找到适合自己的探索之路。程大利对黄宾虹有深入的研究和探寻。他不止一遍通读《黄宾虹文集》（六卷本）。在读完黄宾虹的一批信札后，他有了更多独到的思考，并产生顿悟。《黄宾虹文集》一直放在枕边，午觉前时不时地翻阅，边翻边想。他觉悟到，千年中国画，静、淡、慢三字诀是至理。他将这三个字送给学生。

黄宾虹说："作画当如写字法，笔笔宜分明。"程大利说："用笔平、圆、留、重、变，尤其'变'字于我如指路明灯。今人输古人在用笔，'笔'为终生功课。始有法，终无法。法之高处乃为'心法'。笔墨，承载着一个永恒与无限的深奥世界。'定本于心，婴心至纯；大道无言，天籁无限。'先把一颗心安顿好，境之高远得之于思，思得之于心，文心雕龙，笔墨之魂。"

古人的作品之所以传承下来，其中不可忽视的是作品的安静、和谐、悠远。一幅作品是慢慢打磨出来的。程大利的画因此而慢下来。作品越来越深入，越来越有耐看的内容，且可回味。在他的画中可以看到不同的静：寂静、雅静、娴静、清静、幽静、鹤静、敞静、淳静、和静……

"师古人之心，而不师古人之迹。"在向传统学习的过程中，程大利离古人的心越来越近。在浮躁喧嚣的时代氛围里，程大利却保持着一份宁静沉寂的心态，始终深度地研究前人、消化传统，他的许多研究文字留下了对传统独到的见解。他在中华书局出版的《砚田别识录》中就留下了他独自的"别识"体悟，既是从艺心得，更是学术结晶。

庄子认为，"正则静，静则明，明则虚，虚则无为而无不为也"。内心平正就会宁静，宁静就会明澈，明澈就会虚空，虚空就能恬适顺应无所作为而又无所不为，这是一种情感的变化和转移。心平产生静，静产生明，从而进入一个忘我的境界，独与天地精神往来。葛洪道士说："无为自化，清静自在。"宁静是一种安宁、美好的境界。

程大利的画中不仅有静，还有冲和恬淡。

老子《道德经》中说："道生一，一生二，二生三，三生万物。负阴而抱阳，冲气以为和。""冲和"指真气、元气。程大利的作品中有元气、真气在画中流动。

何为恬淡？"恬淡为上，胜而不美"出自《道德经》第三十一章。老子说："恬淡为上，胜而不美。"老子的审美观是，不要以争胜为美，争胜不美，恬静淡泊是美。庄子说："夫虚静恬淡，寂漠无为者，天地之平而道德之至也。"虚静、恬淡、寂寞，是天地的原始境界，是道德修养的最高指归。将恬淡表现在山水画的创作中，是优秀画家才能完成的表达。

清代王昱在《东庄论画》中说："学画所以养性情，且可涤烦襟，破孤闷，释躁心，迎静气。昔人谓山水画家多寿，盖烟云供养，眼前无非生机，古来各家享大耋者居多，

《弥勒岩云阳勒石》
程大利 中国画

《远壑千倾绿》
程大利 中国画

良有以也。"

程大利的山水画正是呈现出冲和恬淡的美学境界,这也是中国传统文化中的宁静致远的精神写照,是艺术家的修为与创作实力的体现。

作为艺术家,一辈子的追求是创造属于自己的符号性的绘画语言。如果有了明确的带有程式化意味的绘画语言,就是大艺术家。极少的艺术家还会继续创新,像毕加索,似乎一辈子都在创造新的绘画语言。而绝大多数艺术家,会停留在原地,不再创新。有的艺术家是没有能力继续创新,也有的艺术家被市场所牵制,不敢创新,创新可能意味着丢掉了市场,这样的例子也不少。程大利60岁以后几乎每三年就有一个新的面貌,他不断地突破自己,不断地开掘自己的潜力,这在他的新作品中都可以体现出来:他由浓墨转淡墨,再由淡墨复入浓墨。70岁以后,他以重彩入画,以彩笔中锋与墨色交汇,"墨不掩色"互增辉煌,创造了"笔笔写"的彩墨,增强了中国山水画的"表现"意味。他不断突破"形"的束缚,在"意象"的空间作大胆的探索。

我认为,程大利在接近70岁时,创立了自己独特的绘画语言。比如这个时期他的大量作品,都有如此特点,用笔用墨,重金石趣味,短线、长线为多,层层写染,有龚贤"白龚"的味道,又有黄宾虹的浑厚华滋,保留了传统文人画的特点,又有自己独特的艺术风致。他的笔墨质量在当代是杰出的,说"笔笔金刚杵"也不为过。

然而,这几年,程大利不满足已然形成的程式化语言,继续他的山水画创作之路。他不断"破坏"自己,破坏自己的"完美",提出并解决新的问题,向艺术的"无人之境"攀登。

他一直在追求绘画中的"内美"。他认为:"内美的追求与中国古典哲学精神一致。内美不是靓美,不是巧媚,不是毕肖,不是艳丽,而是平朴,甚至是'粗头乱服',但它神韵内存,能久读不厌。内美的作品重藏不重露、重隐不重显、重内敛而不事张扬,又见力、见情、见趣、见境。"

他在表现山的肌理处，大量使用无规律的曲线，笔势婉转，意到笔到，使得画面活跃丰富，似山中所见，又无山中所见，似只见笔墨，却又似山中诸物分明。程大利的作品有纯墨色的，也有重彩的，视内容而定。几束流泉，半壑松风都为创设意境。这些新的山水画表现，使得程大利的绘画语言具有更独特、清新、天然的艺术魅力。

2007年，程大利从领导岗位退了下来，他一边任中国国家画院程大利工作室的导师，一边任荣宝斋画院程大利工作室的导师。在以往工作期间，他注重编创合一，现在他开始了艺术教学之路。他通过讲课，重新梳理中国古代绘画史，通过对中国古代绘画理论的系统梳理，反哺中国山水画的创作，再上层楼。他在授徒的同时不断提升自己。

他每年都有几个月的时间在山里写生。这些年，他反复到过太行、华岳、黄山、雁荡、衡岳、匡庐和五指山等处，甚至远赴地中海、北非、日本等地寻造化精魂。留下了数十本册页和数百首旧体诗作。他的近期作品皆是充满激情且有研究心得的力作，他总是说："我的代表作在未来。"他满满的自信建立在不断"内省"的基础之上。他的新作，能让我们联想到晚年的齐白石和黄宾虹的"变法"状态。他给自己定下的座右铭是"学到老"，不断突破自己。

程大利先生已经走在当今中国山水画的顶峰，今后他究竟能够走多高、多远，我无法预知，但他的不断探索、不断扬弃、不断深入，可以提供给我们充分想象的空间。祝愿程大利先生身体健康，不断给我们新的喜悦和收获。

王铁全

〔中国画画家、编辑家〕

王铁全 先生

耕耘有迹，落笔无痕

王铁全
(1953—2011)
北京人，祖籍山西祁县，中国画画家、编辑家

1982年毕业于内蒙古师范大学美术系。曾任荣宝斋出版社总编辑、荣宝斋常务副总经理、中国美术出版总社副总编辑、总编辑。系中国美术家协会理事，中国编辑学会理事、美术工作委员会副主任，中国书法家协会会员。享受国务院颁发的政府特殊津贴，被新闻出版署列为"出版界领军人物"。主持多项美术图书出版工程，如《荣宝斋画谱》《中国书法全集》(108卷)。责编的《我读石涛画语录》获"新闻出版署优秀图书一等奖"。2002年被中国出版工作者协会评为"全国百佳出版工作者"。

全家合影，王铁全（后排右二）

一

王铁全，1953年生于山西祁县。父亲王建基，抗日战争爆发前在昆明读高中，"七七事变"后，参加中国青年远征军，编入第五军200师，参加过赴缅作战。抗战结束后，考入北京辅仁大学。新中国成立后，考入清华大学财经系，毕业后分配到中国纺织工业部工作。1958年，响应国家号召，积极报名，携全家支援边疆到包头棉厂。

王建基喜爱美术，每逢节假，便带着幼小的铁全及兄妹四人到郊外写生，铁全也可以拿起毛笔画水粉画。父亲对几个孩子要求非常严格，比如，那时课业不多，他要求孩子在每日完成作业后，必须再练钢笔、毛笔字数张。

业余时间，父亲带王铁全等兄妹开荒种地，集肥、割草。那时生活困难，甚至带他们一起捡柴火、捡煤核，这些生活小事，磨炼了铁全的品德意志。少年时代的铁全不仅聪慧，而且事事争先，完成得好，深受父母喜爱。他的故事常给大家庭带来欢乐。

铁全上的小学是包头棉纺厂小学。有一天，班主任苗老师给铁全母亲告状，说他上课不听讲。母亲不分青红皂白，揍了他一顿，并领着他向老师认错。苗老师似乎有些过意不去，又问问原因，原来老师讲的铁全都会了。于是学校让他跳了一级。

由于家庭的熏陶，铁全对美术非常热爱，小学班里墙板报，几乎是他一人表现的舞台。在包头 22 中上中学期间，他曾一个人完成全校教学楼外墙、围墙的大型美术字标语，工稳漂亮的美术字受到了老师和同学的赞赏。

1969 年，高中停课。王铁全响应国家号召，到农村去，参加内蒙古生产建设兵团。在兵团每日训练、打草、脱土坯、种地、收割等。铁全曾对我说，那时兵团曾有一个任务是挖沟，每天每人有挖一定土方的要求。比如，每天每人需要挖 10 方土，他曾挖过十几方土，在全团名列前茅，谈起这事，他还是很兴奋。看他壮实的身板，能看出他当年在兵团的艰苦锻炼。

兵团工作的艰苦，并没有难住铁全对学习的渴望。他买来煤油马灯，下工后，晚上坚持自学文化和美术创作。有一段时间，他在每天早晨没吹起床号前画画，起床号响后拉一段小提琴。

建设兵团时期王铁全（左一）　　　　　　　　大学时期留影

大学期间留影

正因为他的好学和文化知识的积累，1972 年，他被推荐进入包头师范学校美术专业学习，毕业后留校任教。

1978 年，王铁全考入内蒙古师范大学美术系，在大学期间，王铁全如饥似渴地学习，他先后获过两次全国性的奖，一次是全国大学生书法二等奖，一次是美术大奖。

二

1982 年，王铁全大学毕业，他曾先后担任《北京科技报》美术编辑、美编室主任。

1988 年，王铁全调入荣宝斋。

《荣宝斋画谱》是荣宝斋出版社的标志性出版物。从 20 世纪 70 年代至荣宝斋出版社成立之前出版了三十余册，由荣宝斋出版。1988 年，王铁全接手时，《荣宝斋画谱》已经有了影响，他考虑的问题是如何强化品牌，形成规模，占领市场。

1990年，《荣宝斋画谱》被新闻出版署列入国家"85重点图书出版规划"。郜宗远任荣宝斋总经理时，决定成立荣宝斋出版社。1993年，荣宝斋出版社正式成立，王铁全任总编辑，他将《荣宝斋画谱》作了分类，突出临摹学习的实用性。比如《齐白石画谱》中，表述齐白石画虾一共画多少笔，先画头还是先画尾，虾的画法分多少步骤，非常清楚实用。再比如《龚贤画谱》，龚贤表述画树的顺序，"一笔从左转上，二笔画树身右边，添小枝不算，三笔画树身左边，添小枝不算，既成全树"。王铁全先后策划了"古代篇""现代篇"等系列，强化了艺术标准。许多当代画家都希望能够入选《荣宝斋画谱》，但时至今日，《荣宝斋画谱》仍以高标准入选著称。

《荣宝斋画谱》得到了海内外美术家和爱好者的普遍赞誉。它以严谨的学术性、高品质的形态及易学易懂的普及性拉近了画家和美术爱好者的距离。《荣宝斋画谱》先后出版了二百余册，多则再版十余次，少则再版二三次。近年来，《荣宝斋画谱》版权输出成绩斐然。

《北京科技报》工作时期，王铁全（右五）与舒同先生（右二）

1996年，荣宝斋出版社出版了吴冠中的《我读石涛画语录》，这是王铁全编辑图书的一个范例。一日，王铁全接到吴冠中打来的电话。吴冠中在电话中谈到他在重读《石涛画语录》，又有了一些新的感悟。他认为真正读懂它涉及到弘扬民族文化遗产的具体化问题，并愿将心得与青年读者交流，希望由荣宝斋出版社出版。王铁全看了几章稿子后，与吴冠中一同商议内容。两个人目的一致，这本书一定要有助于读懂《石涛画语录》。王铁全认为，这不是一部就《石涛画语录》的版本、勘校、注译以及石涛人生、艺术进行考据的学术专著，实际是以译、释、评的方式完成的读书心得笔记。文稿是画家的观点，涉及了美学思想并提出了问题，但不是逻辑的讨论。吴冠中作为一个现代意识极强的画家，以自己的经验透视《石涛画语录》，辨明其精微本质之处，甚至他对石涛本人有些意明语不清的要害处，特别做了解析和发现。尤其是通过古今中西的比较，提出了一个对中国画有关"现代"的思考，旨在剖析传统绘画中"绘画性"的问题，功在解析，果在立意。从这本书中，能读出宛若他的"混血儿"作品的体会。《我读石涛画语录》自初校到成书，包括附录的内容，都是王铁全同吴冠中一起校订的。王铁全为《我读石涛画语录》写了一篇编辑散记，得到吴冠中的肯定。

《我读石涛画语录》

这本书出版后，获得市场的青睐，并获得"新闻出版署优秀图书一等奖"，后入选"中国文库"。

三

无论是在荣宝斋，还是在中国美术出版总社期间，王铁全对木版水印的发展十分重视，木版水印毕竟也属于出版物范畴。

木版水印技术最早可追溯到隋朝，荣宝斋是继承国家级非物质文化遗产木版水印的老字号。

荣宝斋木版水印的标志性出版物有五代顾闳中的《韩熙载夜宴图》、唐代周昉的《簪花仕女图》、宋徽宗赵佶临唐代张萱的《虢国夫人游春图》等，这几件作品将木版水印技艺推至巅峰。比如，木版水印《韩熙载夜宴图》仅复制此画刻板1667块，先后历时20年，为了仿真效果好，使用材质、颜料与原件完全相同，成品仅有30幅。这几幅作品的复制难度和艺术高度令人叹为观止。其中，《虢国夫人游春图》获得第一届国家图书奖提名奖。要知道，第一届国家图书奖的评审极其严格，那是第一次评奖，出版物的年限可以追溯到几十年前。虽然是提名奖，比起现在三年或两年评奖，难度大多了。

王铁全认为，如果家里悬挂字画的话，与其挂一张无名作者的平常之作，不如挂一张名人的木版水印，从投资角度也是合算的。荣宝斋开发出签名的木版水印复制品，更有收藏价值。王铁全曾经将吴冠中的作品复制，带给吴冠中签名。他发现，吴冠中对签名非常谨慎，他们拿去的东西，他仅挑出几张签名。这样的故事，对荣宝斋来说，有更多的商机出现。经过市场检验，名家签名作品与不签名的价格相差可能十多倍。

荣宝斋工作期间，王铁全（右二）与启功（左三）

荣宝斋期间，王铁全（右一）陪同李铁映（右三）等领导

王铁全（左）与黄苗子（右）郁风（中）

王铁全（右）与沈鹏（左）

四

王铁全在上大学时，长于画人物画，他的毕业创作即人物画。而他最终选择了山水画作为主攻对象。

明代学者杜琼说："绘画之事，胸中造化吐露于笔端，恍惚变幻，象其物宜，足以启人之高志，发人之浩气。"中国山水画是以山川为对象，表达内心的情感，这是从古到今山水画家的追求与理想。

石涛说："寄兴于笔墨，假道于山川，不化而应化，无为而有为。"他认为山水画能够体现画家的修养。而黄宾虹则说："讲书画，不能不讲品格，有了为人之道，

《闲是宝》王铁全 书法

才可以讲书画之道，直达向上，以至于至善。"他认为山水画能够体现画家的高尚品德。我想，王铁全选择山水画的创作一定基于此。

铁全对黄宾虹情有独钟，他不止一次和我谈起黄宾虹。记得我们专门去琉璃厂看一个黄宾虹的小展览，展览中除了一些典型的画作外，有若干幅篆书联。我们议论了好久。

黄宾虹说："墨色繁复，即一点之中，下笔时内含转折之势，故画之华滋，从笔中而出。"

铁全正是中锋用笔，笔笔见功力。将笔的力量、拙重化在绘画作品的点线中。所以，他的作品格调高古、淋漓温润。

王铁全的山水画看上去平淡无奇，没有所谓的视觉冲击力，但恰恰是平淡无奇，体现了他的审美观和创作思想。清代笪重光在《画筌》中说："丹青竞胜，反失山水之真容；笔墨贪奇，多造林丘之恶境。怪僻之形易作，作之一览无余；寻常之景难工，工者频观不厌。"清代王昱在《东庄画论》中说："若格外好奇，诡僻狂怪，徒取惊心眩目，辄谓自立门户，实乃邪魔外道也。"中国山水画讲平和，讲平淡，讲文气，讲修养。在平常中见个人功力，看个人风格。

王铁全在上学时，喜欢书法，天天临池不辍。在上大学期间，参加了全国大学生书法比赛，获得了二等奖。我看过他的书法，是非常扎实的颜体。近些年，他观

《摔跤图》王铁全 中国画

摩了许多大家的书法，将书法的真趣表现出来，自成一格。他对我说："画画是很辛苦的事，作为画家，不能有半点懈怠。书法作为画余的赏玩，可以轻松些。"也正是这些原因，他的书法方圆并举，沉雄苍劲，线质稳定，朴茂萧散。他的书法追求法外之法，有深厚的修养，亦庄亦谐，结构生趣。

黄宾虹说："墨法尤以笔法为先，无墨求笔，至笔有未合法，虽墨得明暗，皆所不取。有笔兼有墨，最为美备。"正是由于有深厚的书法功底，王铁全的绘画才能表现出如此浑厚华滋。

王铁全在创作时，经常用积墨的手法。这需要许多时间完成，这也正是他的特点，不怕费时。积墨法是在上一遍墨色干透后，再上一层墨，还可以上第三遍、第四遍墨。这样会形成不同的墨色层次。积墨法表现的效果是山川明净清新。龚贤是传统山水画积墨法创造者，黄宾虹是集大成者。

铁全在学习前人经验时，尝试建立自己的风格，多次积墨，反复晕染，浓淡干湿并用，层层叠加，浑厚华滋之意呼之欲出。

简淡高古，是王铁全绘画的特点，他追求的是一种自然和写意，在不经意间，表露自己对艺术、人生的看法。温润冲淡，格调高古，表现的是一种诗境，一种自

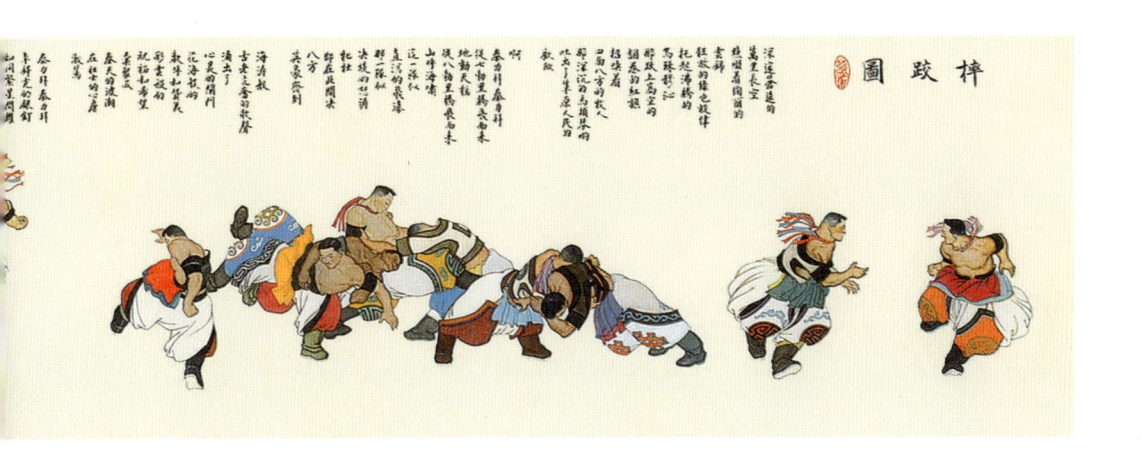

由的诗境。

冯远对王铁全有一段中肯的评价,我十分同意。他说:"王铁全读懂了传统,对中国书画有所体悟,自己嚼出了一种味道。他的画有一些'笨趣',不乖巧,不华贵;以书法意味的线形结构状物,安稳舒缓,隐含着某种复归平正的自觉追求。他以饱满的云林丘壑,为水墨的渲染和积淀创造了空间余地,构成了水墨气韵和经营秩序,朴厚温润。"

五

王铁全倡导读书,他曾对青年人讲:"读书是打开窗户,可以开阔视野。书籍是海洋,一望无垠,只要肯读书,就开卷有益。欲博览群书,时间有限,谁也不能穷极。读书要经世致用,以见之所长和专业为贵。有所作为,不枉人生,既靠事件努力,又靠勤奋学习。青年时期,尤需刻苦读书。"

王铁全爱读书,也善于读书。我们在工作中曾遇到一个词,他第一次知道,但

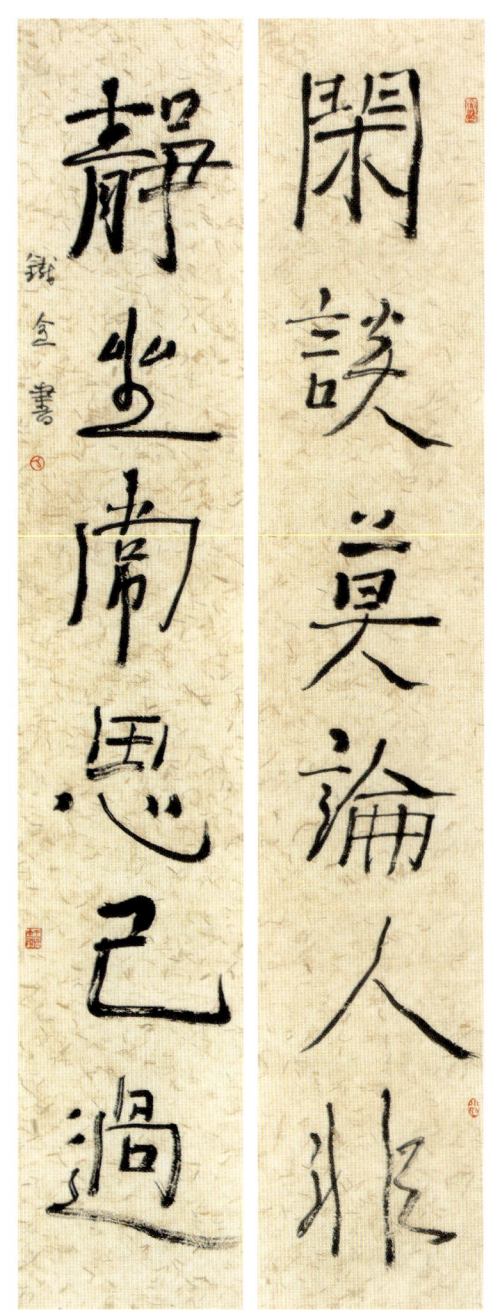

《闲谈静坐六言联》王铁全 书法

很仔细地问清楚并掌握。就是这样日积月累，积淀越来越厚。

1998年，人民美术出版社、中国连环画出版社、荣宝斋三家重组，中国美术出版总社成立。我和王铁全成为同事。1999年，新闻出版署举办第一届北京对外经济贸易大学工商管理研究生班，被誉为新闻出版署"黄埔一期"，我和王铁全成为同学。不脱产，课程安排在平时的晚上和休息日。那段求学的课间，我和王铁全交流得很多。经常就社里的管理问题向他请教，铁全直言不讳地发表自己的看法，令我受益匪浅。像营销学、管理学的名词和定义，都不是我们经常接触到的，但是他能够结合工作，将所学的知识运用到工作中。

对于一些业务干部，管理岗位有时并不是喜爱和擅长的。很多美术出版社的业务干部对此感触颇深。王铁全是优秀的编辑，同时也是优秀的画家。做管理工作，往往考验另一类的智慧。比如，起草文件、管理干部，都是工作中的必须。王铁全参与了中国美术出版总社重组的全过程，是三人小组的组长，这类工作往往不是他自己擅长的，但又必须做的工作。

大概在2000年，中国美术出版总社社长郜宗远开始酝酿"五社一中心"的管理模式，文字起草工作就交给了王铁全。这个文件经过多次讨论修改，我看着他一遍遍修改，改了多少稿，谁也记不清了。好在刚刚学完工商管理的研究生课程，他将所学运用在文件中，得到大家的一致认可。

六

我与王铁全共同策划的唯一的图书是《吴冠中画作诞生记》。这本书的策划源于王铁全履新中国美术出版总社总编辑之后。那时，我任副总编辑，分管人民美术出版社图书中心、荣宝斋出版社、连环画出版社的编辑业务。

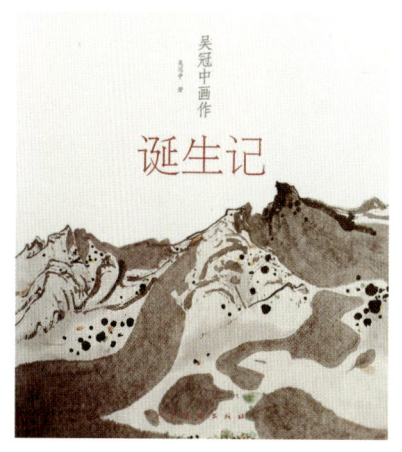

《吴冠中画作诞生记》

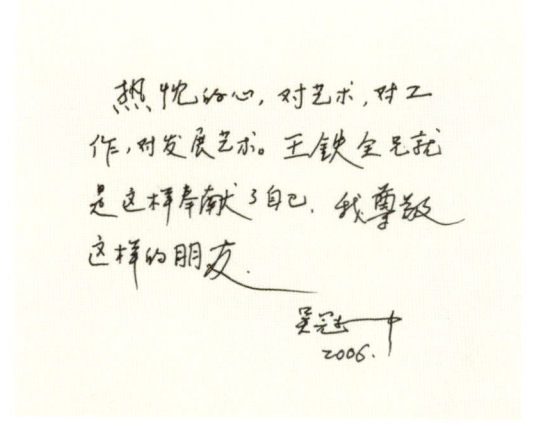

吴冠中为王铁全题字

今天，大家对于吴冠中，正面的评价较多。但在那些年，由于吴冠中提出"笔墨等于零"的观点，备受争议。人民美术出版社的一些老编辑对他也是有看法的，他的书在人民美术出版社出版比较难。为此，我和铁全也有过沟通。铁全曾策划、编辑过吴冠中的《我读石涛画语录》，对吴冠中的思想有深刻的理解。他想为吴冠中再做一本书，估计他和吴冠中曾有交流，吴冠中想出版一本一图一文的创作随想集。于是，我们相约去吴冠中家里面谈。

那天，我和铁全一起到吴冠中在方庄的家中。一套三居室，屋里极简单，几乎没有任何布置。地上是旧的地板革，小客厅里一个折叠桌。旁边一间不大的房间，靠墙支着一个书桌，铺着毡子，墙上溅了一些油彩，完全没有大画家画室的样子。吴冠中一头白发，精神矍铄。铁全向吴冠中介绍了我，告知这本书由我负责编辑。吴冠中问了我的情况，得知我父亲林锴去世的消息，沉吟片刻，简单说了几句国立杭州艺专的事。

我粗略看了吴冠中家中的各类吴冠中画集和套书，心里有了数。看看他提供的稿件，他计划100张图，每张图配一些文字，有的是回忆，有的是日记般的片段文字，有的是创作谈。

《山爱夕阳时》王铁全 中国画

《空山多风雨》王铁全 中国画

《春消息图》王铁全 中国画

我提出三点，开本听我的，纸张听我的，设计听我的。吴冠中没有异议。当时，第一，我认为这本书应当是竖20开，这类开本不大用，因为印刷问题不方便，需要加点钱，但可以忽略不计。第二，当时吴冠中的许多文字类书是用胶版纸，画册类都是铜版纸。我建议用纯质纸，书卷气强，色彩还原也不错。第三，我对设计者心里有人选了。

样书出来后，我带设计者徐洁去吴冠中家里，铁全说不去了。吴冠中表示很满意，表示他的艺术作品谁都可以无偿使用，并当场签了不要任何稿费等报酬的协议。那本书稿在怀柔开会时看的，后来转给时任《荣宝斋》期刊主编的唐辉做责编。这本书至今已经印刷7次。每当拿起这本书，就不由自主地想起铁全来。

2011年春节，我去广西度假，到三江等地观赏民俗民风。就在回京的路上，听到王铁全去世的消息。霎时，一路的愉快瞬间散去，被悲伤笼罩，这样的感觉在一生中并不多见。

铁全曾对我说，作为搞美术工作的，他一生憧憬三个地方，一是中国美术馆，二是人民美术出版社，三是荣宝斋。而他有幸在人民美术出版社和荣宝斋两个单位工作，这是他最知足的地方。恰恰，他在这两个单位工作时，为单位发展做出了杰出的贡献。想象他在天堂的样子，应是微笑着的。

在王铁全的追悼会上，我写下一副挽联，悼挚友王铁全："缅同行，铁骨柔肠，编得春秋千卷画；思挚友，全人律己，终成天地一沙鸥。"

后　记

按照惯例，在前两本《北总布胡同32号——人民美术出版社的老艺术家们》即将出版之前，本书作者林阳先生会写一篇后记，一是写明此书编写和出版的意义，二是记录一下书稿形成的经过，三是展望下一本书的写作内容，为以后的写作、出版埋下伏笔。但这次林阳先生破例，嘱我这个责编来写编写后记。

以非作者视角来看，此书的编写意义似乎更为明确。截止到本书出版，此系列共书写了39位在人民美术出版社工作过的老艺术家。这些以人为单位的个案形成了研究人民美术出版社的另一种前学术史资料。具有人美家属与人美原总编辑双重身份的林阳先生，用平实易懂的语言力求客观、公正、全面地评述他所熟知的39位艺术家、出版家，史无前例地还原了这所国家级美术出版社的历史。珍贵的图文资料丰富了人们的想象，无疑也为日后对于人民美术出版社其他方面的研究奠定了基础。

2016年，人民美术出版社乔迁东三环双井新址，正如林阳先生所说，"北总布胡同32号"成为了人民美术出版社的精神象征与人美社员工的情感依托。如今，人民美术出版社已经有73年的历史了，对于我这样一名青年编辑，正是人美社前辈的身影照亮并鼓舞着我，循着他们的脚印我踽踽前行。不断出版《北总布胡同32号——人民美术出版社的老艺术家们》的续篇，就是时刻提醒我们后人不要忘记前辈是"从这里走出来的"；铭记历史是要将人美优良传统内化为后继者的自律，在薪火相传中不断擦亮人美的金字招牌。

作为本书的责编，我最清楚本书的成形过程。2019年7月林阳先生交付了初稿，并将本书中撰写的8位在世艺术家和4位已故艺术家家属的联系方式转交给我。在沟通书稿文字与所需图片资料，以及获取版权授权，商榷排版方式等过程中，我与这些老师们建立起了密切的联系，而这让我对"北总布胡同32号"获得了更为直接、鲜活的感受，这是任何历史资料都无法替代的。2019年书稿初步排版完成，但由于后来的疫情与其他人为干扰，此书迟迟未能付梓。2023年，王靖宪先生在本书编辑过程中仙逝，未能在有生之年见到此书出版，林阳先生和我都非常痛心和惋惜。2024年春，林阳先生又将庞邦本先生的书稿与联系方式交与我。我马上对书稿进行审校，并在庞邦本先生入住养老院前对其进行了拜访，将所需资料、授权、排版等问题与他沟通清楚。至此，本书的全部13位艺术家个案全部收录完毕，书稿随即排版完成。

最后，通常应该由作者展望本套丛书未来的写作计划，由于我不是作者，我只能合理预测：如人民美术出版社第一任总编辑朱丹等老艺术家，一旦有新的历史资料出现，林阳先生一定会将对他们作为研究重点进行续写。另外，本书个案的最后一位艺术家王铁全先生是1953年出生，那么《北总布胡同32号——人民美术出版社的老艺术家们（四）》应该会集中出现对人美50后、60后老艺术家的研究、介绍。

如林阳先生所说："我还会写下去，同时期待我的同事们拿起笔，记录前辈们渐行渐远的身影，将人民美术出版社的'大美'精神传下去。"我期待并且相信，一代又一代的人美员工会将人美的辉煌谱写下去，同时也会有后继者接过林阳先生的"如椽大笔"，在之后的《北总布胡同32号》中记录下前人的辉煌。

本书编者
2024年8月5日，于东三环南路甲3号

图书在版编目（CIP）数据

北总布胡同32号：人民美术出版社的老艺术家们.
三 / 林阳著. -- 北京：人民美术出版社，2024. 8.
ISBN 978-7-102-09417-5

Ⅰ．K825.72
中国国家版本馆CIP数据核字第2024F2L745号

北总布胡同32号
BEIZONGBU HUTONG 32 HAO
——人民美术出版社的老艺术家们（三）
——RENMIN MEISHU CHUBANSHE DE LAO YISHUJIA MEN（SAN）

编辑出版　人民美术出版社
（北京市朝阳区东三环南路甲3号　邮编：100022）
http://www.renmei.com.cn
发　行　部：（010）67517799
网　购　部：（010）67517743

著　　者　林　阳
责任编辑　王青云
装帧设计　翟英东
责任校对　白劲光　魏平远
责任印制　胡雨竹
制　　版　朝花制版中心
印　　刷　雅迪云印（天津）科技有限公司
经　　销　全国新华书店

开　本：710mm×1000mm　1/16
印　张：19.25
字　数：95千
版　次：2024年8月　第1版
印　次：2024年8月　第1次印刷
印　数：0001—3000
ISBN 978-7-102-09417-5
定　价：59.00元

如有印装质量问题影响阅读，请与我社联系调换。（010）67517850

版权所有　翻印必究